CHRONIQUE DU
RÈGNE DE NICOLAS Ier

DU MÊME AUTEUR

LA SAIGNÉE, Belfond, 1970.
COMME DES RATS, Grasset, 1980 et 2002.
FRIC-FRAC, Grasset, 1984.
LA MORT D'UN MINISTRE, Grasset, 1985.
COMMENT SE TUER SANS EN AVOIR L'AIR, La Table Ronde, 1987.
VIRGINIE Q., parodie de Marguerite Duras, Balland, 1988. (Prix de l'Insolent.)
BERNARD PIVOT REÇOIT..., Balland, 1989 ; Grasset, 2001.
LE DERNIER VOYAGE DE SAN MARCO, Balland, 1990.
UBU PRÉSIDENT OU L'IMPOSTEUR, Bourin, 1990.
LES MIROBOLANTES AVENTURES DE FREGOLI, Bourin, 1991.
MURUROA MON AMOUR, parodie de Marguerite Duras, Lattès, 1996.
LE GROS SECRET, Calmann-Lévy, 1996.
LES AVENTURES DE MAI, Grasset/Le Monde, 1998.
LA BATAILLE, Grasset, 1997. (Grand Prix du roman de l'Académie française, Prix Goncourt et Literary Award 2000 de la Napoleonic Society of America.)
IL NEIGEAIT, Grasset, 2000. (Prix Ciné roman-Carte Noire.)
L'ABSENT, Grasset, 2003.
L'IDIOT DU VILLAGE, Grasset, 2005. (Prix Rabelais.)
LE CHAT BOTTÉ, Grasset, 2006.
LA GRAMMAIRE EN S'AMUSANT, Grasset, 2007.

Avec Michel-Antoine Burnier

LES AVENTURES COMMUNAUTAIRES DE WAO-LE-LAID, Belfond, 1973.
LES COMPLOTS DE LA LIBERTÉ : 1832, Grasset, 1976. (Prix Alexandre-Dumas.)
PARODIES, Balland, 1977.
1848, Grasset, 1977. (Prix Lamartine.)
LE ROLAND BARTHES SANS PEINE, Balland, 1978.
LA FARCE DES CHOSES ET AUTRES PARODIES, Balland, 1982.
LE JOURNALISME SANS PEINE, Plon, 1997.

Avec Jean-Marie Stoerkel

FRONTIÈRE SUISSE, Orban, 1986.

Avec Bernard Haller

LE VISAGE PARLE, Balland, 1988.
FREGOLI, un spectacle de Jérôme Savary, *L'Avant-Scène Théâtre* n° 890, 1991.

Avec André Balland

ORAISONS FUNÈBRES DE DIGNITAIRES POLITIQUES QUI ONT FAIT LEUR TEMPS ET FEIGNENT DE L'IGNORER, Lattès, 1996.

PATRICK RAMBAUD

CHRONIQUE DU RÈGNE DE NICOLAS Ier

BERNARD GRASSET
PARIS

ISBN 978-2-246-73571-7

A Tieu Hong
A Voltaire
A André Ribaud

Les grenouilles, se lassant
De l'état démocratique
Par leurs clameurs firent tant
Que Jupin les soumit au pou-
voir monarchique.

LA FONTAINE,
Les grenouilles qui demandent un roi,
Livre troisième, fable IV.

Chapitre Premier

Sa Majesté avait l'œil encapoté mais vif, quoique tiré vers le bas, un nez qui pointait pour occuper tout le milieu du visage, le cheveu sombre et ondulant comme des vaguelettes peignées. Même parvenu, Notre Précieux Souverain ne trouva point la paix en lui-même, tant il restait secoué en continu par des nervosités. Qui l'a vu fixe et arrêté? Il ne bougeait que par ressorts. Si vous le retardiez dans sa course, vous démontiez la machine. Il marchait des épaules, avec une façon personnelle de se dévisser le cou, remuant par courtes saccades comme s'il était engoncé dans un costume que lui taillait pourtant à ses mesures un artiste italien en renom. Il ne tenait pas en place. Quand il parlait au public, plusieurs fois dans une même journée, il se rengorgeait ainsi qu'un pigeon et se livrait à de curieuses contorsions pour animer ses dires, dont la teneur importait peu car ses discours valaient par leur forme plutôt que par un fond très changeant selon les auditoires ; pour cela il était bien pourvu d'une panoplie complète de mines et de tics qui ponctuaient ses paroles, les versant tantôt vers l'évidence, tantôt vers l'ironie, tantôt vers l'enflure. Ces turbulences passèrent pour une énergie : tel qu'il était il plut, et une moitié du peuple le porta sur le trône pour qu'il y fît des merveilles. Une voyante n'avait-elle point affirmé, dans une gazette féminine, qu'il avait son Jupiter bien placé ?

Rien, cependant, rien ne disposait à de pareils honneurs Notre Trépidant Souverain. Il avait en effet connu l'enfance malaisée des fils d'immigrés, à la périphérie de notre capitale, dans une banlieue aux murs salis par les vapeurs automobiles et mal pourvue en logements sociaux. A Neuilly. Ainsi commença dans la plus parfaite modestie la légende de ce Chef Rutilant qui sentit monter en lui, très tôt et jusqu'à la migraine, le sang bouillonnant de ses ancêtres. Son père venait de Budapest et, pendant l'hiver glacial de 1948, on le vit dormir à même une grille du métro parisien, toutefois près de l'Arc de Triomphe. Epoque bénie! Clémente République! Désireux de regrouper une famille autour de lui mais sans vrai travail et sans un sou, ce père serait aujourd'hui reconduit en autocar à la frontière hongroise. Le cours de l'Histoire en eût été changé.

Très jeune, Notre Bien-Aimé Monarque dut rêver dans sa chambrette à son lointain parent Michel, un héros massacré par l'envahisseur turc. C'est lui qui apporta à sa lignée des armoiries de belle noblesse que nous verrons un jour décorer le blanc de nos drapeaux : un loup armé d'un cimeterre. Plus en arrière dans le temps, Notre Admirable Prince dut s'enticher d'Attila, le fils du roi des Huns, Mundzuk, qui régentait la Hongrie. On présentait Attila en barbare alors qu'il savait le latin et le grec, car élevé à la cour d'Honorius dans la très civilisée ville de Ravenne. Ses exploits gonflèrent la tête de Sa Future Majesté. Attila fut son premier modèle, auquel il pensa ressembler et dont il tira bien des leçons — nous allons voir pourquoi. Attila était petit, environ un mètre soixante, avec un visage allongé en museau, des poils follets au menton, des cheveux teints en rouge et un gros nez. Malgré son aspect peu attrayant, il savait négocier et monter des alliances comme nul autre. Ce Hongrois voulait unifier les Francs et les Wisigoths de la Gaule contre un

Empire romain défaillant qu'il ambitionnait de reconstituer à son profit. Attila commença par apprendre les faiblesses de l'adversaire, puis il se fit une réputation sauvage pour effrayer quiconque se mettrait en travers de sa route. Il composa une horde à sa dévotion, avec des Huns, mais aussi avec des Bulgares, des Turcs, des Alains qui jouaient du lasso, des Gelons peints et tatoués, armés de faux, des Germains, des Ostrogoths… Sa Majesté s'inspirera plus tard de cet exemple, en jetant contre une République décousue et molle des troupes disparates qu'elle voulut de tous bords. Pour l'heure, si jeune encore, Notre Souverain se contentait de rêver, imaginant ces terribles guerriers huns aux joues tailladées, vêtus de peaux de rats, qui cuisaient l'entrecôte entre le dos du cheval et leurs fesses ; ils dévalaient avec des cris affreux la rue de Chézy en agitant des têtes de morts accrochées à leurs lances, tournaient dans l'avenue du Roule et déferlaient sur la mairie de Neuilly pour y établir leur camp. « Je serai Attila ! » jurait Notre Prodigieux Bambin.

Hélas, la vie est lente et ne marche point du même pas que les rêves enfantins, fussent-ils de grandeur. Bien au contraire, la famille de Sa Majesté se défaisait pour connaître la précarité. Fuyant un père volage, qui traquait les jeunettes pourvu qu'elles fussent riches, la mère se réfugia dans un misérable hôtel particulier de la plaine Monceau, où, avec des frères plus savants et plus estimés, Notre Futur Maître vécut une morne jeunesse. Il détestait l'école, le foie de veau et les légumes. A Saint-Louis-de-Monceau il ne brilla guère par l'étude, séchant des cours très ouvertement et par ennui, chahutant pour qu'on le remarquât, mais qui le remarquait ? Personne. Aussi le jeune solitaire s'enfermait-il dans sa mansarde de la rue Fortuny pour parfaire sa culture selon ses goûts et, tout en se gavant de pâtisseries, il posait sur son tourne-disques Teppaz en simili-cuir vert les œuvres complètes des principaux poètes, gloire de leur époque, MM. Hervé Vilard, Serge Lama et Johnny Hallyday dont il connaissait les poèmes par cœur. Pourquoi cet enfermement, pourquoi cette mise à l'écart volontaire ? Invité un été à Saint-Tropez dans une famille argentée, remisé en bout de table, envieux et humilié d'avoir les poches vides, il se promettait d'avoir un coffre-fort plein de banquenotes quand il serait grand.

Justement, il n'était pas grand.

Sa taille était à ce point médiocre qu'il lui fallait par tous les moyens se rehausser. Sur la photographie de sa classe de dixième, sur celle de neuvième, on le voit juché au dernier rang, à côté des plus dégingandés qu'il égalait pour la stature en se tenant sur la pointe des souliers. Sa Majesté souffrait de cette disgrâce, mais, avec une sorte de rage, elle lui donna l'envie de fréquenter toujours plus grands qu'elle, pour s'y amarrer et parvenir tout au sommet. Ainsi le jeune homme rejoignait la cohorte des illustres qui, accablés de faiblesses, surent les changer en force ou, du moins, en réussite. Alexandre et César avaient des crises d'épilepsie mais cette fragilité endurcit les deux conquérants. Jonathan Swift devait son dégoût des hommes à des maux d'oreilles persistants, mais il créa Gulliver. Le caractère sauvage de Rousseau était dû à une malformation de sa vessie. En lui brisant cruellement la jambe au siège de Pampelune, un boulet de canon transforma un gentilhomme espagnol en Ignace de Loyola. Une même malice teintée de férocité anima trois bossus : Richard III, Esope et Scarron. Les phrases de Proust ont le rythme peu imitable de son asthme. Grimod de La Reynière aurait-il été si acerbe, dans ses critiques théâtrales ou gastronomiques, s'il n'avait eu à se venger de ses mains en pattes de canard ? Accablé de maux de tête et de démangeaisons, Jean-Paul Marat se sauvait par l'invective, et Saint-Just, le beau Saint-Just aux boucles blondes, se moquait de la mort parce qu'il se savait condamné à terme par la tuberculose. Bien avant de régner, et sachant tout cela, Notre Souverain s'aspergeait d'Eau sauvage de M. Dior comme

Napoléon d'eau de Cologne : à son exemple, un jour, il serait lui aussi un empereur géant de petite taille.

Il mit vingt ans à se venger de lui-même et surtout des autres, vingt ans d'efforts obscurs, de feintes et de souplesses qui maquillaient ses rancœurs. Notre Prince se plia par calcul aux volontés des mieux nantis qu'il espérait remplacer à des postes de plus en plus prestigieux, jusqu'aux dorures des palais. Il se courba, rendit mille services et prévenances, se multiplia comme ce fameux magicien d'un autre siècle qui donnait rendez-vous aux cinq portes de la ville à la même heure, et s'y trouvait devant témoins. Parlait-il trop vite ? Il apprit à régler le débit de sa voix, et la première fois qu'il monta sur une tribune il s'y trouva à son aise ; le microphone amplifiait ses paroles, et, même s'il ne buvait que de l'eau, connut l'ivresse avec ces applaudissements. Il avait un public, il aurait des sujets.

Dès lors rien n'entrava plus la course de Sa Majesté. Il fallut marcher sur bien des têtes, étouffer bien des scrupules et avaler des assiettes de couleuvres. Qu'importe ! Plus Notre Souverain montait vers les cimes et plus il exigea d'autrui une parfaite révérence, et jamais il n'hésita à menacer les gazetiers trop fouilleurs ou malintentionnés : « Toi, disait-il à qui avait douté et critiqué, toi je ne t'oublierai pas!» Car il avait une forte mémoire des outrages ou de ce qu'il prenait pour tels.

Bien entendu, le goût compulsif du pouvoir et un si ardent parcours pour le conquérir avaient fortifié les ennemis de Son Ombrageuse Majesté. Voraces, ils guettaient ses bévues et les exposaient à la vue du peuple. Ainsi, lorsqu'il eut trahi l'ancien monarque, lequel l'avait nourri, Notre Irréprochable Empereur dut traverser un désert, cette épreuve que subissent les conquérants; il en profita pour signer une lumineuse biographie qui mettait en valeur ses propres qualités en évoquant celles d'un autre, qu'il montrait exemplaire. Malheur! Une horrible gazette satirique révéla que l'ouvrage était démarqué d'une thèse soutenue dans les provinces. Comment agir contre cette feuille insolente? Elle était indépendante et ne vivait que de ses lecteurs, qui aimaient à flairer les coulisses et les recoins les plus sales, et s'en repaissaient. Les vilaines médisances se poursuivirent, auxquelles nous n'ajouterons pas foi, tant elles semblaient montées et tout entières vouées à la pure malveillance. Tant de fourberie agaçait les dents du Prince mais l'heure de sa revanche allait sonner.

Quand vint le soir de la victoire et qu'il tâtait déjà le velours du trône, le Tout Frais Souverain mit à exécution la fière devise de ses années d'ascension : « Je ne demande pas, je prends. » En vérité il prit tout et tout de suite, profita sans délai. Avant même d'aller saluer le peuple en liesse qui l'espérait sur un podium géant où des chanteurs d'autrefois se produisaient en bouche-trous, il s'échappa avec discrétion dans le salon d'un palace : il y fut congratulé par des hommes d'affaires dont il avait tissé un réseau pour l'aider à tenir cette populace qui, dans un quart d'heure, allait l'ovationner comme un sauveur.

Prévoyant sa gloire, l'Empereur avait annoncé les jours précédents, avec une humilité qu'on ne lui savait pas, qu'il se retirerait un peu dans un monastère afin d'y méditer sur la tâche inhumaine qui l'attendait. Las! alors qu'il eût pu devenir un nouveau Charles Quint, et vivement impressionner, il préféra illico une suite royale à la cellule austère du moine.

On apprit à ce moment que Sa Majesté aimait le clinquant et s'adonnait à des passions de nouveau riche. Des images nous la présentaient sur un yacht prêté par un milliardaire et que seuls des milliardaires pouvaient apprécier, tant l'ameublement en était de mauvais goût : le tissu à fleurs des canapés jurait avec celui des fauteuils, et tant de rutilance, tant de factice avait de quoi épouvanter. Sitôt revenue de l'escapade familiale, Sa Majesté confirma ses désirs de nabab. Elle s'empara d'une propriété du parc de Versailles, la Lanterne, jusque-là réservée au repos des Premiers ministres, car elle s'y plaisait, si près de Paris. Puis elle posa ses bagages de week-end dans la résidence impériale de Brégançon, laissant l'Impératrice et ses dames d'atour filer par mer en vedette officielle vers Saint-Tropez, ce petit port où les célèbres se marchent sur les sandales tellement ils sont nombreux à s'y montrer aux foules moutonnières. L'échevin grogna car il dut fermer une large part de sa bourgade pour que l'Impératrice ne fût point abordée par les manants qui se pressaient en voyeurs béats, car Leurs Majestés, dorénavant, ne risquaient plus un pas au-dehors sans être enveloppées de gardes, afin qu'elles n'étouffassent point et pour orienter au mieux les photographes, aussi chacun de leurs déplacements provoquait des embouteillages et mille embarras à qui voulait circuler en liberté. Nos Souverains savaient-ils que leurs sujets murmuraient déjà contre ces caprices ? Savaient-ils que d'aucuns, mal embouchés, osaient accuser de fantaisies fastueuses l'Impératrice pour laquelle Sa Majesté avait des yeux de merlan frit ?

Nous autres, simples assujettis, nous ne connaissions l'Impératrice que par ses multiples portraits. Elle semblait porter en elle la dureté espagnole, cette sécheresse hautaine de la grise Estrémadure que peignait Zurbarán, la tristesse native d'une mater dolorosa de Murillo, ce regard lointain et qui ne voyait pas des princesses de Vélasquez. On ne pouvait guère lui imaginer que des sourires pincés et des rires assassins. Elle avait les contradictions et l'humeur d'un pays où l'hiver succède à l'été, ainsi affirmait-elle un jour que les palais l'ennuyaient, et l'autre jour on la voyait à la parade en soie grège, bien installée dans son rôle. Quel était-il, ce rôle ? « Celui d'une reine dans une monarchie », répondait le général baron de Vedjian qui commandait la garde impériale.

Quand l'Empereur régna sur la France avant de régner sur le monde, l'Impératrice régnait sur l'Empereur. Attirée comme les pies par ce qui brillait, elle avait entrepris depuis des années d'astiquer le Souverain afin qu'il reluise aux yeux du peuple, s'occupant de tout le matériel : l'ordonnance des dîners nécessaires et des fêtes pour séduire, la couleur des tribunes comme la taille des écrans plats posés dans chaque pièce de leurs appartements de fonction, jusqu'à la surveillance rapprochée de l'alimentation, parce que Sa Majesté avait coutume de grignoter pour perdre moins de temps à table, ce qui risquait de lui faire pousser un bedon disgracieux du plus mauvais effet. Elle veillait même aux heures de sommeil qui devaient réparer son Illustre quoiqu'il pensât que dormir c'était perdre du temps. L'Impératrice profitait de cette régence pour écarter les fidèles trop proches de Sa Majesté, ceux qui lui avaient manifesté peu d'estime, à elle, lorsqu'il y eut un orage d'une année qui la vit s'enfuir avec un bellâtre, mais revenir à l'approche du sacre pour partager enfin la couronne.

Le jour de ce sacre désiré, au Château, une fois déroulé le tapis rouge sur le gravier collé de la cour d'honneur, l'Impératrice parut entourée de sa couvée reconstituée, filles de l'une et fils de l'un, tous quatre aux mêmes cheveux longs et jaune paille, comme sortis d'un même moule, et le Dauphin Louis, dix ans, facétieux derrière sa cravate à rayures et son blazer à écusson, dont le rôle consistait à attendrir, à rendre aussi plus moderne et plus jeune le nouveau souverain que l'ancien. Ce jour béni des dieux, Sa Majesté roucoula devant les notables, les concerts de clairon et les courtisans qui se formaient tout autour pour mendier leur part. Chaque visage rappelait à l'Empereur les soins, les intrigues, les sueurs employés à l'avancement des fortunes, à la force des cabales, aux adresses à se maintenir et à en écarter d'autres, aux moyens de toutes espèces mis en œuvre pour cela. Il y aurait peu d'élus parmi ces appelés accourus en masse.

Après avoir mené au pas de charge quelques dépôts de gerbes et discours nobles pour se raccrocher à d'antiques symboles, comme ce bref hommage au fondateur de la dynastie, ce roi Charles auquel il ressemblait si peu, Notre Véloce Souverain s'envola presto pour la Germanie. Malgré son désir d'afficher en tout une rupture avec l'ancien régime, il fit de même que ses prédécesseurs. Lorsqu'on le vit avec la Reichsführer Merkel qu'il tapotait dans le dos, beaucoup pensèrent aux célèbres duos d'autrefois entre MM. de Gaulle et Adenauer, MM. Giscard et Schmidt, MM. Mitterrand et Kohl, MM. Chirac et Schröder...

Toujours dans l'esprit de rompre avec les coutumes d'avant, l'Impératrice se chargea du portrait officiel, mandant pour cela un spécialiste des starlettes qui devait apporter du neuf. Eh non! Là aussi on renoua avec la tradition en posant le Souverain devant la même bibliothèque que le roi Mitterrand qui, lui, tenait à la main un livre de M. Montaigne. Sa Majesté ne tenait aucun livre car ne savait comment cela se tenait. Voilà bien le premier de nos monarques qui ignorait avec superbe la dimension littéraire de son état, cet apanage de tous nos Princes depuis Mac-Mahon, réputé quant à lui pour son idiotie. Voyez plutôt. Le roi de Gaulle écrivait ses phrases incantatoires sur un rythme ternaire, à l'instar de M. le Marquis de Sade ; le roi Pompidou avait publié une anthologie de la poésie française fort scolaire ; le roi Giscard se piquait de révérer M. de Maupassant et composa des *Mémoires* alertes; le roi Mitterrand se laissait surprendre dans les aéronefs plongé dans une lecture assidue de MM. Chardonne et Jules Renard, et il aimait caresser les livres anciens aux reliures en veau; même le roi Chirac, qui avait choisi de se donner un air inculte d'adjudant-chef, connaissait les quatre mille ans d'histoire de la Chine et, dans sa prime jeunesse, avait traduit des romans russes entre deux visites au musée Guimet…

Notre Magnifique Souverain ne se chargeait point la cervelle. Pendant sa campagne de France qui le mena au pouvoir suprême, un gazetier vicieux lui demanda à maintes reprises quelle était la différence entre les shiites et les sunnites, d'où venait la gabegie du Moyen-Orient. Sa Majesté dédaigna de répondre avec clarté; elle pensait que les Iraniens étaient des Arabes comme les autres. Personne n'osa relever. Eh bien? Sa Majesté entendait remplacer la sotte érudition par la vitesse de ses propos. «Je ne suis pas un intellectuel», aimait répéter Notre Maître Affirmé pour qui une cervelle encombrée ne valait pas tripette. Les décisions devaient s'enchaîner, et mieux encore : les images de ces décisions.

Nicolas Ier avait saisi très jeune la puissance de la réclame. Son père, si peu vu, l'avait marqué sur ce point car lui-même travaillait à redorer les images, donc les ventes, du savon Monsavon ou des machines à coudre Singer. L'enfant fut une fois mis à contribution pour servir de produit d'appel : oui, il s'agit bien de Notre Souverain, ce marmot blond qui sourit sur les paquets de lessive Bonux.

Il fallut se pavaner chez les Grands pour en être accepté. Le couple impérial, songeant à la leçon des images Bonux, arriva donc triomphant au sommet des principaux maîtres du monde, dans le château de Hohen-Luckow. On y papotait entre soi sans qu'il en sortît jamais rien. Il suffisait de faire bonne figure et de rassurer les peuples en riant ensemble. Notre longiligne Impératrice portait des ballerines pour, sur les photos volées ou officielles, ne pas être beaucoup plus haute que Sa Majesté qui avait adopté les mêmes talons que Louis XIV et pour les mêmes raisons. Ecrevisses aux herbes sauvages, sanglier en sauce, les Grands réunis s'invitaient en vacances les uns chez les autres entre les plats qui se refroidissaient.

Pour être enfin Grand parmi les Grands, Notre Bien-Aimé Leader réussit à isoler le tzar Vladimir (dont il disait naguère des horreurs); il lui tendit même son portable afin qu'il entendît trois mots du Dauphin Louis, ce qui produisit un joli cliché familier. Il isola aussi l'Anglais, sir Tony, sur un banc au soleil, et on les vit tous deux en passionnante discussion. Sa Majesté venait de se grandir aux yeux du monde : le règne de Son Image était venu.

DÈS QU'IL SE FUT CARRÉ DANS LES lourds fauteuils à dorures du Château, Sa Majesté, s'apercevant que l'Impératrice ronchonnait devant les lieux, trouva bien petite la demeure et lança des travaux pour y loger une vraie famille, la sienne, finement recomposée, qui ne comportait pas moins de cinq jeunes vigoureux. Jeune! voilà le mot. Parcourant des yeux son vaste bureau comme s'il s'agissait d'une boutique de brocante, avec pendules à tortillons, cariatides à la cheminée, guirlandes, lampe de style Empire qui éclairait peu, Notre Magistral Souverain se prit à soupirer : « Tout ceci n'est pas bien moderne, ni jeune, mais désormais m'appartient à moi, à moi, à moi… » Le soupir ne dura pas, mais rien ne durait chez lui, et on ne sut jamais s'il avait songé à remplacer le canapé par des transats ou à chambouler la salle de réunion pour la changer en salle de musculation, mais il voulait affirmer son style autrement mieux que le roi Chirac, qu'il avait déposé, lequel s'était contenté de décorer son bureau avec un tam-tam et des statuettes en bois sculpté du Bénin.

Pour commencer avec force, Sa Majesté ne parla plus désormais qu'en son nom propre et le confirma par une formule à la clarté aveuglante : « Le peuple m'a choisi pour m'occuper de tout et je ferai quelque chose sur tout. » Elle ne précisait point ce qu'elle ferait sur quoi mais se mit aussitôt à cette tâche immense, soucieuse de rénover les choses et les mots qui allaient avec les choses. Notre Impétueux Souverain n'utilisait pas les menteries ordinaires qui tissent une politique : au lieu de promettre, il affirmait, et en affirmant des choses différentes aux différents groupes auxquels il s'adressait, il pratiquait un brouillage fort déconcertant. Avant même qu'elle fût mise en œuvre, une affirmation contraire venait recouvrir la première, qui en était oubliée avant que des malotrus pussent la contester, s'en moquer ou s'en indigner. Sa Majesté terrassait la critique par sa rapidité.

Elle jetait des mots simples et vagues comme des devises, et si Napoléon, dont elle rêvait d'égaler au moins la renommée, avait fait gratter des frontons *Liberté, Egalité, Fraternité*, slogan qui devenait mensonger sous un pouvoir absolu, Notre Splendide Souverain penchait pour un slogan mieux adapté aux temps nouveaux : *Travail, Famille, Patrie*. Alors les mots s'inversèrent, l'ambition devint la sincérité, la compétition devint la conviction, le chauvinisme se mua en patriotisme et l'autosatisfaction en joie de vivre. Il suffisait d'accuser d'être partisan et borné quiconque semblait en désaccord avec la pensée régnante, et voilà pourquoi les traîtres devinrent des pionniers, mais nous y reviendrons au moment opportun.

Notre Vénéré Maître apprit d'abord à son entourage l'art de se courber devant lui à quatre-vingt-dix degrés, et à garder un silence de carpe devant les gazetiers, ou à répéter ce que Notre Audacieux Souverain leur ferait dire comme un ventriloque à sa poupée. Les courtisans devaient prôner l'efficacité du Prince, mais comme il ne régnait que depuis peu, il leur fallait des exemples plus anciens, en citant ses propres paroles quand il commandait en chef de guerre le ministère de la Police : « La délinquance recule dans notre pays chaque année, ce n'est contesté par personne. » Et les courtisans de se féliciter des résultats, qui auguraient bien du règne.

Des fouineurs malintentionnés avaient cependant étudié ces résultats de près. Il y avait moins de vols et de dégradations, oui, mais comme chez nos voisins, et les policiers n'y étaient pour rien, car tout le bénéfice en revenait aux alarmes, aux blindages, aux systèmes de protection dont se dotaient les particuliers. En revanche, les trafics et les agressions avaient augmenté largement pendant les cinq années où Sa Majesté tint la Police. Que répondre à des statistiques ? Qu'elles sont truquées. Et si elles provenaient de la Police même ? Que leur interprétation est orientée pour nuire. Le *Bréviaire du courtisan*, aussi nommé *Petit livre bleu*, que l'entourage impérial devait apprendre par cœur, permettait de connaître les reparties, dérobades, feintes ou réponses imparables à toutes les questions et à toutes les situations qui pouvaient faire vaciller l'honneur de Son Honorable Majesté.

La rupture avec l'ancien régime devait être éclatante.

L'Empereur (Dieu le garde !) disait à ce propos : « Je veux mettre de la vie au sommet de l'Etat. » Il pensait au-dedans de lui : « Comme l'Etat, c'est moi et rien que moi, je dois montrer le visage d'une jeunesse perpétuelle. » Ce fut pour ôter à la fois du poussiéreux et du guindé à sa fonction qu'on le vit descendre du piédestal et, chaque matin, pratiquer une heure de course à pied, le maillot vilainement trempé, avec dans ses oreillettes un récital de Céline Dion. Les huissiers raidis aux portes du Château doutèrent de leur vue lorsque Sa Majesté monta en sautillant les degrés du perron, suant, soufflant, en short, exhibant des gros mollets comme si elle rentrait au camping. Le deuxième jour ils s'habituèrent à ces manières américaines ; elles les éloignaient de la manière mieux française du roi Mitterrand, qui préférait marcher en méditant, ou discutant avec un proche, ou s'extasiant devant un paysage et une lumière de printemps. Pour sa santé et pour le symbole de vitalité, Notre Véloce Souverain courait, dépourvu de la moindre pensée. Partout où il se trouvait, il courait, environné d'un nuage de gardes en survêtement et tout en muscles, prêts à sauter sur le premier intrus menaçant. Il courait dans les allées du Bois, il courait sur les berges de Malte, il courait dans les rues de Paris en respirant longuement pour bien avaler les gaz d'échappement qui equivalaient à vingt paquets de cigarettes tous les cent mètres. Quand le roi Mitterrand n'appréciait que les lettrés, Notre Prince n'aimait que les coureurs. Un matin on le surprit dans une avenue ombragée de Neuilly, en petites foulées à côté de M. Fillon déguisé comme lui d'un maillot mouillé et d'un short large, et on sut sans erreur que M. Fillon, duc de Sablé, deviendrait son Premier ministre.

Il en fut ainsi.

Notre Stupéfiant Souverain avait souvent chanté la transparence des mœurs en politique et il ne put trouver plus transparent que le duc de Sablé, qui le laissait toujours gagner d'une enjambée, ayant pour vocation de demeurer en retrait et pour ambition d'exécuter. Chassé d'un gouvernement du roi Chirac, qu'il maudissait depuis, il s'était alors rallié à la cause de Sa Majesté; il toucha sa récompense avec le palais de Matignon. Le duc de Sablé avait l'humilité des dévots et la mise d'un chef de rayon; une raie bien tracée lui partageait les cheveux sur le crâne, mais une mèche très noire lui tombait sur l'œil et ses sourcils en épais buissons. Fils d'un notaire gaulliste, élevé chez les jésuites du Mans, il avait réputation d'être besogneux tout en restant à sa place. Il aimait le jazz, les rillettes, les chaussettes blanches et le pays de Galles.

Eut-il à monter, avec des talents de stratège, le gouvernement qu'il devait conduire? Pas même. Sa Majesté pourvoyait à tout et lui offrait une belle équipe déjà ficelée, qui présentait une habile palette d'âges et de couleurs, ainsi que cela existait dans les gazettes pour les stars, car ces figurants devaient illuminer.

Toute la personne du duc de Sablé témoignait qu'il se laissait conduire, et il s'accommoda avec joie de la brochette de ministres que Notre Avisé

Souverain lui offrait, à charge pour lui d'harmoniser leurs partitions afin que nul n'entendît de couacs. Cette brochette fut un parfait assemblage qui résumait la société entière. A un bout on revit le duc de Bordeaux, un survivant de l'ancien régime à peine revenu d'une année d'exil au Canada où l'avait contraint la Justice, car il avait payé pour les malversations du précédent monarque, déclaré pour l'heure intouchable. Au Grand Nord, il se convertit à l'amour de la planète en voyant fondre des igloos, et dans les Rocheuses il déplora l'agonie des conifères que les parasites dévoraient, car les hivers n'étaient plus assez froids. Rentré dans sa ville, où il récupéra prestement sa place d'échevin, on le vit présider à un lâcher de coccinelles qui allaient combattre les odieux pucerons. On le vit aussi en costume mais à vélo. Le duc de Bordeaux cherchait à se rendre populaire, lui qui l'avait été si peu. Sa Majesté le plaça dans un gros ministère fourre-tout, qui, par ses attributions écologiques, coiffait les autres et permettait d'intervenir sur presque tout.

A l'autre extrémité de la brochette des ministres, on nota à la Justice la présence de la fille adoptive de Leurs Majestés Compatissantes, la baronne d'Ati, parce que, sur la photographie traditionnelle de ce ministère, il fallait remarquer des robes vives et féminines parmi les costumes anthracite, ce qui égayait l'ensemble et faisait joli comme image. Cette baronne d'Ati ramassait dans son histoire et son trajet les thèmes qui ravissaient Sa Majesté, et qui feraient sangloter les âmes sensibles comme il y a longtemps la lecture des *Deux Orphelines* à la veillée. Mérite, effort et récompense, voilà ce qu'elle représentait comme un exemple à opposer à la fainéantise congénitale du troupeau, pour lequel le travail pesait, quand il y en avait, et plus encore quand il n'y en avait pas. Ah! s'exclamaient les paresseux, il faudrait écrire une histoire de l'esclavage depuis son abolition. Tant de défaitisme insupportait au Château, et la vie sanctifiée de la baronne fut portée aux nues par la plupart des complaisants.

C'était une Mauresque des bords de Saône. Elle avait du mordant, on disait même qu'elle avait de grandes dents, tant au-dehors qu'au-dedans. Sa filiation, son féminin, son âge tendre encore pour un puissant ministère, tout ce qui devait l'entraver la libéra. Se retournant vers son passé, la baronne lançait des formules : «On peut être pauvre et heureux», ceci à l'adresse de ces millions de pauvres englués tout en bas, sans autre espoir que l'Euromillions, et dont personne ne voulait même au banc de nage d'une galère. La baronne leur prouvait qu'elle aussi venait d'en bas, à la cité du Bout-du-Lac, près de Chalon, avec dix frères et sœurs, ou onze, ou douze selon les gazettes, enfin une ribambelle à nourrir pour des parents qui n'avaient pas appris à lire. A l'école, qui n'était pas tout à fait celle de la République mais celle des carmélites, et portait un nom prédestiné, le Devoir, la jeune baronne disait déjà à ses condisciples de s'ouvrir, et aux cours de catéchisme leur lisait des sourates du Coran. Mais voyons-la monter par échelons, dans une ascension impatiente et laborieuse comme il sied aux acharnés. A quinze ans, elle était sacrée meilleure vendeuse en bains moussants et lotions rafraîchissantes pour la peau des dames, puis, pour financer ses études d'économie à Dijon, elle se fit aide-soignante de nuit, à vider les pots des scrofuleux, passant ensuite au rayon charcuterie chez Prisunic. Ayant appris le porte-à-porte, elle allait s'en servir, mais à de meilleures portes et avec culot. Elle écrivit aux plus grands, les bouscula, les éblouit de son aplomb. Aussi, lorsque devenue magistrate elle sollicita la grandissime faveur de travailler aux côtés de Notre Souverain, lors même qu'il n'était que prétendant au trône, celui-ci se reconnut en elle et l'adopta.

Le premier ministère du règne s'organisait comme une tapisserie par la disposition des personnages et des motifs, par les équilibres, les nuances, le mélange. N'y regardons pas cependant de trop près : nous nous attarderons sur le jeu des membres de la troupe quand ils entreront en scène, à supposer qu'ils entrent jamais en scène. En réalité, le pouvoir n'était point dans les palais convenus de l'Etat, mais les dirigeants authentiques étaient regroupés au Château dans les parages immédiats de Notre Sublime Majesté. Ils y vivaient, forts de sa présence, et leur population se hiérarchisait à la façon d'une tribu de rats d'égout : si, pour ces animaux subtils, la richesse venait de la proximité du point d'eau, ici, au Château, la proximité du bureau impérial décidait de l'importance des conseillers. Les plus influents occupaient l'étage de Sa Majesté, plus ou moins proches de sa porte.

Parmi ce petit peuple, il y avait en effet des favoris plus favoris que les autres, sur lesquels Son Efficace Majesté se reposait. Les deux essentiels étaient disposés comme presse-livres de chaque côté du sanctuaire d'où surgissaient les décisions cruciales. A droite, quand on regardait les jardins bien tondus du Château, le cardinal de Guéant occupait le bureau d'angle, celui de M. le duc de Villepin qui avait exercé une pareille fonction sous le règne d'avant, mais il n'avait point le panache de M. le duc ; il était gris comme un ciel de pluie sur Douarnenez. Trente années à servir dans les soutes de l'Etat, dont il connaissait dès lors la mécanique, Son Eminence les mettait à la totale disposition de

Sa Majesté, qu'il admirait pour avoir déjà orchestré son action à la Police et sa campagne de France. La galopade sans fin de Son Maître, qui sautait telle une puce d'un sujet à l'autre, le fascinait, lui, l'immobile, qui restait planté dans l'ombre des coulisses, avec, doit-on le dire, une certaine délectation.

Jeune homme, déjà, Son Eminence était grave. A l'école des Très Hautes Etudes de Fonctionnaires, peu lui avait importé le débraillé des étudiants, se distinguant avec le costume trois-pièces de son grand-père. Aux rares gazetiers qui souhaitaient percer son mystère, Son Eminence répondait aimer Mozart, l'Italie, les cheveux ras sur la nuque, et avouait ne pas avoir de temps à consacrer aux écrivains, ce qu'il vivait prétendument comme un drame, même s'il préférait, apprenait-on plus loin, bricoler ou tailler les rosiers de sa maison d'Anjou. Le Cardinal avait en outre la courtoisie du maître d'hôtel qui, avec l'air offusqué, rétorque au client soupçonneux : « Pas frais, mon éperlan ? Ce matin, Monsieur, il nageait encore dans la mer, et il a frétillé jusqu'à la friture dans la main du chef ! » alors que ce même poisson sortait d'un camion frigorifique, tout gelé. Parce qu'il savait que la colère est un naufrage quand il s'agit de mener les hommes, le Cardinal était semblable à une coulée de miel tartinée sur du pain sec. Serviteur avant

tout, Son Eminence faisait office à la fois de tru-
chement et d'écran entre Sa Majesté Remuante, ses
employés et ses sujets. Notre Empereur, lorsqu'il
ne savait répondre aux ennuyeux qui le pressaient,
se défaussait d'un ton sans appel : « Demandez à
M. le Cardinal. »

A gauche du sanctuaire, dans l'ancien bureau
rutilant du roi Giscard et sous un tableau moderne
qui figurait un drapeau national secoué par le vent,
officiait un second favori, le chevalier de Guaino,
dont la charge était bien lourde : il devait coudre
les discours et les interventions de Notre Souverain afin qu'il montrât une belle aisance à tous
propos et en toutes circonstances. Ce chevalier, un
fonctionnaire d'en haut, sachant les roueries du
pouvoir et la manière d'en user, c'était le secrétaire
au sens où on l'entendait au XVIIᵉ siècle italien,
baroque à souhait. Il écrivait donc au nom d'autrui, ainsi que ces courtisans mieux lettrés que la
moyenne qui savaient trousser une lettre ou une
adresse au peuple. Il appliquait les conseils de
Torquato Accetto, secrétaire lui aussi mais des
ducs d'Andria, qui, à la suite de Castiglione et de
Guichardin, en mille six cent et des poussières,
parlait de la contenance obligée des courtisans
professionnels dans un traité mal connu qu'il avait
intitulé *De l'honnête dissimulation*. Technicien spécialisé, comme Accetto, porte-plume inspiré mais

pas toujours, le chevalier de Guaino savait par là que le secrétaire, soumis à une pensée flottante, devait deviner son supérieur pour mener à terme un sujet imposé. Le mot *secrétaire*, d'ailleurs, signifiait « qui connaît les secrets du prince ». Le travail était abrupt car il fallait mettre en forme les bribes de paroles et le vouloir de Sa Majesté, leur donner une charpente puisque celle-ci n'était pas au fait de notre langue, n'ayant obtenu qu'un pâle sept sur vingt en français au baccalauréat. Notre Adolescente Majesté s'était dépatouillée fort mal des dissertations lycéennes dont les thèmes lui demeuraient obscurs et la laissaient en surchauffe mentale. Un soir, à l'étude, devant un devoir ardu (en voici l'intitulé : « Corneille a peint les hommes tels qu'ils devraient être, Racine tels qu'ils sont, commentez et expliquez »), Notre Omniscient Souverain se trouva bien sec ; à *Cinna* et au *Cid* il préférait de loin *Thierry la Fronde* ou *Dallas* qui le remuaient jusqu'à la moelle. Ajoutons qu'en ce temps-là il n'avait point encore le loisir d'obtenir une note prestigieuse par décret, et on saisira son aversion pour les humanités, l'histoire, la géographie, les mathématiques et la philosophie où il stagnait en dessous de la moyenne.

Au chevalier de Guaino de broder avec fougue, assis à sa table, des envolées nourries de citations tronquées dont il tenait un catalogue complet, puisant au petit bonheur des mots sonores et colorés qu'il volait à des auteurs de tous bords, charcutait, en tournait le sens pour les mettre dans la bouche de Sa Savante Majesté, Jaurès, Jeanne d'Arc, Senghor, une tripotée en somme qu'il plaçait dans le vent. Ces fragments devenaient des fétiches, et leur portée n'était pas mince, donnant à Notre Souverain Universel un souffle et une science que chacun vénérait à condition qu'il ait fait des études courtes. Ces citations amputées, en réalité, n'avaient de sens que par ce que le chevalier en avait ôté, mais le mensonge, pour être utile, devait être artistement voilé. Torquato Accetto l'avait signifié en une maxime : « La dissimulation est une industrie qui consiste à ne pas faire voir les choses telles qu'elles sont. » En la matière, le chevalier de Guaino était un maître. Parfois il se plaisait à jouer ; alors, dans un discours, il saupoudrait les périodes avec des imparfaits du subjonctif incongrus et drôles que Sa Majesté déclamait sans s'en apercevoir, convaincue que cela était beau quand cela était grotesque, mais personne n'osait relever ces afféteries : même dans son entourage, Notre Maître faisait encore peur.

Porte-plume, porte-coton, porte-parole, porte-voix, porte-fanion, porte-chéquier, porte-clés se côtoyaient ainsi dans l'intimité du Château pour servir à genoux. Nous n'allons pas énumérer ces personnels, cela fatiguerait, ni mentionner les degrés de servilité ou la relative puissance de chacun ; contentons-nous de regarder brièvement celui qui fermait ce peloton, le petit marquis de Benamou, parce que son cas était exemplaire. L'Avisé Souverain le chargea d'une mission peu gratifiante qu'il maquilla en prestige, à la culture, car il en fallait un et on ne trouva que lui, courtisan-né, toujours prompt à se faufiler dans les antichambres en quémandeur de poste, pourvu que cela lui apportât des avantages, un peu d'or et beaucoup de mousse. Il devait doubler Sa Majesté partout où celle-ci risquait de sombrer dans le bâillement et le désintérêt, au théâtre où il fallait rester longtemps assis sans agir, au concert, aux expositions où l'on devait faire le gracieux, dans les festivals qui fleurissaient l'été et ne servaient qu'à faire tourner le commerce local de la restauration et des souvenirs. Ce petit marquis de Benamou s'était jusque-là distingué dans le camp adverse à celui de Nicolas Ier, quand il avait mendié des subsides pour que survive à perte une gazette chic que personne ne lisait, mais proche de l'ancien pouvoir, puis en collant de près au roi Mitterrand qui achevait sa vie dans la maladie et la désillusion, pensant narrer ses derniers soupirs et demi-confidences afin d'en tirer bénéfice, non tant pour la gloire de ce monarque que pour la sienne propre

Le petit marquis de Benamou possédait la science des courbes et parvenait à enjôler. Il fut cependant confiné dans une annexe du Château, face aux appartements privés en réfection, de l'autre côté de la rue. Aussitôt posé, il gonfla ses plumes et bomba son bréchet à la façon des dindonneaux. Il couvrit de médailles et de rubans l'acteur et le réalisateur d'un film tiré de son ouvrage sur le défunt monarque qu'il avait adulé en nécrophage, puis, dans la foulée, dix journalistes convenables aux yeux du Prince puisqu'ils passaient fort bien le cirage et la brosse. Notre petit marquis savait, pour l'éprouver lui-même, que les gens de peu savourent la gloriole sous forme de hochets, autant que les enfants leurs sucreries. Ces cérémonies n'empêchaient pas le petit marquis de progresser dans la goujaterie et le paraître. Il se rendit un jour à l'hôtel Raphaël où il faisait bon se montrer, s'installa de son propre chef à la meilleure table. M. Bertrand, célèbre maître des cocktails, mondialement connu et que saluaient les habitués de l'établissement, osa s'approcher et signifia avec déférence que cette place était réservée depuis le matin à un autre illustre. Quoi? Qu'y avait-il? De quel droit? Notre petit marquis étouffa de colère: ne l'avait-on pas reconnu? Savait-on quel il était? Son rôle influent, sa puissance? Comment osait-on lui demander de changer de fauteuil mou? Comment? Un malotru voulait l'asseoir à la table voisine, qu'il n'avait pas élue? Outrecuidance! Manque de tact! Il lança au visage de M. Bertrand une pleine écuelle de cacahuètes, sortit sur une colère qui résonna dans ces lieux feutrés, menaça de féroces représailles; rentré dans son annexe avec ses gardes du corps qui cachaient leur amusement, il tempêta, cria, se roula sur la moquette et, entre deux hoquets, voua l'insolent barman aux flammes de l'Enfer.

Partout, si on ne s'abaissait pas, il avait coutume de rappeler d'une voix fine : « Savez-vous qui je suis? » Mais les gens ne savaient pas, alors il tonnait contre eux, appelait le Château à son secours. Ainsi à Aix-en-Provence, lors d'un festival, comme il y remplaçait Sa Majesté que les spectacles importunaient, il voulut qu'on le considérât autant qu'un roi, dans le meilleur palace, au grand émoi des notables du lieu. Cela n'était qu'un début mais promettait, et indiquait une nouvelle tournure de la politique nationale.

Les convictions n'étaient plus ancrées. Elles flottaient. Autrefois, c'est-à-dire avant l'avènement de Notre Magnifique Majesté, le pays se partageait à peu près également entre deux principaux courants autour desquels s'organisait la vie, qu'on nommait, malgré de nombreux satellites et de nombreuses tendances mineures, la Gauche et la

Droite. Cette configuration datait de deux siècles et plus quand, à la veille de la Révolution, dans un salon de Versailles, les représentants du peuple et du roi se rangèrent en deux clans, les premiers à la gauche du président de séance, les autres à sa droite. Les uns aimaient le mouvement et les hommes, les autres l'ordre et les banques. Sa Majesté avait décidé de tout mélanger pour qu'il n'y ait plus que son parti à tenir le pouvoir, et, avançant que Droite et Gauche n'existaient plus, voulut que la Droite seule restât en place et n'en eût aucun complexe.

Une non pareille situation résultait d'un labeur. Sa Majesté n'avait jamais souffert d'être contredite, et elle l'avait signifié à l'orée même de sa judicieuse carrière, lorsqu'elle s'empara par surprise du duché de Neuilly. Vainqueur, Notre Souverain proposa au vaincu de devenir son adjoint pour mieux l'étouffer. Ainsi allait-il procéder par la suite pour menotter un par un ses adversaires, ceux qui tentaient de se rebiffer ou épousaient des visées hostiles. Tout en répétant jusqu'à le rabâcher qu'elle voulait rompre avec le passé, Sa Majesté puisait sa substance dans l'œuvre accomplie par le roi Chirac, qui lui permit ses premiers pas. Le roi déchu avait labouré le terrain. Pour obtenir place nette aux ambitions, disait-il, il fallait croquer les autres. Que fit d'autre Sa Majesté, qui souhaitait un tableau de chasse et des trophées aussi bellement empaillés que ceux du roi Chirac?

Sans jamais avoir étudié M. Machiavel, dont Charles Ier, fondateur de la Ve dynastie, avait fait sa référence constante et la lecture de son chevet, Notre Foudroyant Souverain avait saisi par sa seule intuition les principes évidents à la conduite d'un vieil Etat. On le vit donc agir comme César Borgia qui affaiblit les partis rivaux d'Orsini et de Colonna, à Rome, en attirant à lui et en gagnant tous les gentilshommes attachés à ces deux maisons, par de l'argent, des gouvernements, des emplois, suivant leur rang, en sorte que leur affection, affaiblie pour les autres, se tournât en entier vers lui.

Le roi Chirac et le duc de Bordeaux avaient amorcé cette payante stratégie en détricotant les partis alliés, mais non assez inféodés. Pour cela ils avaient appâté une bande de félons dans l'âme en leur offrant des beaux ministères. Robien duc d'Amiens fut le premier à se précipiter pour recevoir son maroquin, malgré les criailleries de ses anciens comparses, et devint même le recruteur des autres, vite rejoint par Douste duc de Toulouse, puis par Borloo duc de Valenciennes, un avocat d'affaires très payé qui réussit à se construire une image sociale à cause de son apparente bonhomie et de ses cheveux décoiffés. Le gras parti de la Droite avait donc été conçu comme une plante carnivore, laquelle ouvrait ses pétales en forme de mâchoires pour avaler les mouches flattées par le puissant parfum qu'elle dégageait. Dans cet ensemble, flou mais imposant, personne ne bronchait et ils marchaient tous au pas. Bientôt transformé en machine de guerre, ce parti tomba aux mains de Sa Majesté : elle le déroba à ses fondateurs, à force d'estrades et de réunions massives où les militants furent caressés, alors ils trépignaient, levaient les bras, hurlaient le nom de Sa Majesté et arboraient fièrement ses couleurs, espérant en retour de multiples bienfaits.

Fort de l'argent et des troupes disciplinées de la Droite groupées autour de son nom, Notre Souverain, dès qu'il fut hissé sur le trône, appliqua une autre des recettes de M. Machiavel. Au chapitre IX de son fulgurant traité, ce Florentin prévenait que, s'il était nécessaire au Prince de vivre toujours avec le même peuple, il peut à sa volonté élever ou perdre les nobles qui l'avaient jusque-là entouré, les combler de faveurs ou les disgracier ; Sa Majesté s'empressa de disgracier au lendemain de son avènement, taillant et cisaillant dans le premier groupe de ces demi-félons qu'on avait déjà trop vus. Ainsi le duc d'Amiens fut-il renvoyé dans sa province, ainsi le duc de Toulouse dont même Toulouse ne voulait pas se retrouva-t-il sans même un tabouret pour y placer le fessier.

Cela ne suffisait point à Sa Majesté. Il lui fallait maintenant étriper la Gauche, la laisser pantelante comme au bord de sa tombe. Pour ce faire, il s'agissait d'amadouer les plus faibles, les plus gourmands et les plus déçus, dont le catalogue fut aisé à établir, ensuite de les amalgamer au gouvernement du duc de Sablé afin qu'ils y constituent une magnifique collection de potiches, en vitrine à côté des autres, choisis pour leur mine, bien brassés, bien peignés, bien propres sur eux et souriant de l'aubaine. Ceux-là furent immédiatement qualifiés de Transfuges par d'infâmes gazettes, une étiquette médiévale dont il convient ici de livrer le sens exact : « Militaire qui déserte en temps de guerre pour passer à l'ennemi », puis, par généralité, « Personne qui trahit sa cause ». Encore convenait-il d'avoir une cause, et dans cette interrogation, dans ce doute, le premier Transfuge dans l'ordre chronologique fut un des membres mêmes du collectif qui gouvernait la Gauche, très ardent jusque-là, qu'on avait vu ferrailler contre le général baron de Vedjian devant des millions de sujets, lors d'une confrontation publique inouïe de rudesse où il guerroyait vertement pour la Gauche. Il s'appelait Besson.

A ce propos, ouvrons une intéressante parenthèse.

Fouillons ensemble la généalogie, car il y avait des bons et des mauvais Besson, issus de souches différentes. Les premiers venaient de la forêt de Sherwood, à l'époque où les Saxons et les Normands rivalisaient pour le trône vacant de Richard Cœur-de-Lion, retenu en Terre sainte. *Best son* signifiait « le meilleur fils », celui qui luttait contre l'odieux prince Jean, un usurpateur, aux côtés de Robin des Bois.

Voilà pour la plupart des Besson.

Une autre branche venait directement de Ganelon, qui vendit aux montagnards basques l'arrière-garde de Charlemagne, que ceux-ci écrabouillèrent sous des rochers au col de Roncevaux. Ce Ganelon avait agi pour arrondir son pécule en bonnes pièces d'or. Quel rapport avec les Besson, me direz-vous ? Justement. Le nom de ce traître se modifia au cours des âges à cause même de sa traîtrise. *Gane* devint *Baisse* car l'homme s'était *rabaissé* en vendant les siens, et ce *Baisse*, à l'écrit, se simplifia en *Bess*, conservant néanmoins la même terminaison pour donner également Besson.

Notre Besson appartenait donc à la seconde branche et il se prénommait Eric.

Il avait composé un portrait acide de Sa Majesté qui plut à la Gauche, à laquelle il appartenait en sourdine, laborieux et discret comme un comptable, avec un sourire tristounet de bedeau, un peu en biais. Il s'était essayé à la virulence, décrivant Notre Respecté Souverain en caniche, aux basques de Johnny Walker Bush qui présidait aux Amériques, un alcoolique repenti devenu chanteur de cantiques, amateur de guerres et, par pure bienveillance, de la chaise électrique. Ce pamphlet ayant été diffusé, M. Besson se rongea les ongles jusqu'au sang. Il s'excusa aussitôt auprès de Sa Majesté, expliquant qu'il avait été poussé à tant de méchanceté par de mauvais camarades, qu'il avait été obligé de dire des affreusetés auxquelles il ne croyait pas une seconde, puis il plia son bagage pour changer de camp en pleine bataille.

M. Besson fit sa mue, à l'égal des crapauds-buffles qui mangent leur ancienne peau car elle contient des protéines, pour reparaître tout neuf et tout changé, batracien rutilant, prêt à servir puisque dans sa famille on ne l'aimait plus assez et qu'on se moquait. Il rejoignit donc les ennemis qu'il fustigeait la veille, et, au lieu de critiquer la volonté de Sa Majesté d'associer à sa Police des religieux intégristes pour maintenir l'ordre dans les faubourgs nuisibles, il salua cette idée qu'il avait combattue ; dans sa vaste clairvoyance, Sa Majesté avait en effet dicté une phrase décisive : « L'esprit religieux et la pratique religieuse peuvent contribuer à apaiser et à réguler une société de liberté », ce qui se vérifiait en effet chaque jour, depuis la Saint-Barthélemy jusqu'aux camions piégés de Bagdad.

M. Besson fut donc le premier à se retourner comme un gilet du côté des rayures, balisant le chemin que d'autres empruntèrent avec entrain et pour des motifs très voisins, parce que l'âge venant ils n'avaient plus d'espérance chez une Gauche abattue et sans places honorifiques à pourvoir, parce que lumière et chaleur les attiraient ainsi que ces papillons de nuit qui volettent autour des lampes, quitte à s'y brûler le bout des pattes et, inutiles, à tomber sur le parquet. Depuis que ce genre de cuisine existe, si la soupe est savamment mitonnée, on voit des hommes accourir avec leur écuelle et danser autour du chaudron, pour le seul bénéfice du cuisinier.

Sa Majesté tailla dans les rangs adverses au moyen de la cajolerie et du brillant des postes. Alors elle étouffa de caresses M. Kouchner dont la fortune restait à compléter. Ce gentilhomme avait l'oreille des plus grands et dans le monde entier, car il avait autrefois inventé des escouades de médecins pour intervenir avec des pansements et du riz à l'occasion des tremblements de terre, des irruptions de volcans et surtout des guerres permanentes dont il y avait un grand choix. Le palais d'Orsay lui fut offert, il en rêvait depuis longtemps, il y courut en souriant, montrant partout son amitié avec Notre Avisé Souverain. Il se retrouva de facto comte d'Orsay, puisqu'il avait deux qualités que cherchait Sa Majesté dans sa clientèle, une notoriété et sa statue au musée Grévin. Le comte d'Orsay trouva cette élévation naturelle : n'avait-il point publié dans sa jeunesse une *Lettre à un moderne Rastignac* ? Eh bien, quarante années plus tard, ce moderne Rastignac lui répondait ; voilà tout.

Cette prestigieuse et spectaculaire défection fut nocive au moral d'une moitié de la population que décourageait déjà la pensée régnante ; beaucoup ne s'y retrouvaient plus dans tant d'embrouillaminis. Les capitaines de la Gauche, du moins ceux qui n'avaient pas encore trahi, balayèrent les Transfuges d'un revers de la main, comme ces mouches bleues qui s'approchent trop près de l'aiguillette de rumsteck prête à cuire vingt-cinq minutes à four chaud. En effet, ils étaient tout un groupe à avoir déserté dans cette foulée, mais nous ne les verrons qu'à l'œuvre, c'est-à-dire peut-être pas. M. Besson, lui, avait eu la satisfaction de participer à la défaite de ses proches en lançant un brûlot contre son parti, qui eut une foule de lecteurs influençables. Quant au comte d'Orsay, il prenait depuis des années des positions fort proches de celles de Sa Majesté, la barre à tribord, partisan mais à voix basse de ce Johnny Walker Bush qui jeta des bombes sur le calife de Bagdad, sélectionné parmi cent tyrans pour incarner le Diable, et qui allait incendier une partie de l'Orient pendant un demi-siècle.

Cependant des nuages se groupaient au-dessus de la Chambre. Le peuple allait nommer des représentants et Sa Majesté avait prévu une gargantuesque majorité pliée à ses désirs. Baste! Avant ce choix décisif qui aurait doublé le triomphe de Notre Héroïque Souverain, des ministres indociles avaient bavardé en public au lieu de conserver un silence bienséant. Quelques décennies plus en arrière, le roi Pompidou avait prévenu le jeune chevalier de Chirac, tout frétillant lorsqu'il débuta à l'Emploi (où il monta une agence nationale du même nom pour soutenir les chômeurs) : « Surtout, ne vous prenez pas pour un ministre. » Le vieux roi avait raison. Les ministres du jour, mal tenus par le duc de Sablé, se prenaient pour des ministres. Ils parlaient même sans la permission du Château, improvisaient leurs textes au lieu de réciter ceux que le cardinal de Guéant leur faisait parvenir. Aussi certains allèrent jusqu'à révéler des mesures impopulaires qui se concoctaient en secret, qu'il fallait cacher jusqu'à l'élection de la Chambre et l'apothéose d'un parti impérial obèse et tout-puissant. La première bévue vint d'un M. Woerth, que chacun ignorait mais qui serrait les cordons du Budget; il annonça avec un ton glacé de croque-mort que Sa Majesté ne pourrait réaliser toutes les largesses promises pour réduire l'impôt des récents propriétaires. Il reçut une semonce immédiate de Notre Agacé Souverain : « Bravo! voilà comment créer des mécontents! Tu as fait une connerie, tu n'en feras pas deux! » En privé, reconnaissons-le, la langue de Sa Majesté était volontiers crue et verte.

Et puis ce fut le tour du duc de Valenciennes, ce M. Borloo à la chevelure en plumeau qui siégeait aux Finances et, n'aimant guère se lever tôt, avait un air à la fois goguenard et mal réveillé même le soir. L'imprudent évoqua avec négligence une taxe toute neuve qui frapperait également au porte-feuille les plus riches et les plus pauvres pour aider les plus riches à s'enrichir encore, ce qui était sup-posé enrichir le pays. Grosse colère de Sa Majesté et colère justifiée comme on le vit.

Eh oui, lorsqu'au dimanche des résultats on connut la composition exacte de la Chambre, ce fut pour s'apercevoir que la Gauche n'avait point encore été hachée menu, qu'il lui restait force pié-taille à défaut de chefs, et, surtout, que ses sujets avaient refusé à Sa Majesté les pleins pouvoirs. Le parti impérial, sans être squelettique, loin de là, parut moins grassouillet que prévu, et les vain-queurs prenaient des visages défaits de vaincus. Si le duc de Sablé conserva son duché, il n'en alla pas de même pour le duc de Bordeaux, déculotté dans la ville qu'il venait de doter d'un splendide tramway ; épongeant une larme, reniflant, le front plissé de soucis, il remit aussitôt sa démission, ce qui fit grand fracas et déséquilibra un gouvernement à peine constitué qu'il fallait replâtrer.

Sa Majesté reconduisit le pâle duc de Sablé et en profita pour punir ce bavard M. de Valenciennes, lequel, à en croire les perfides, avait par ses propos sur la future taxe redoutée fait perdre soixante sièges aux impériaux. Il fut privé des Finances, où il disait se plaire infiniment, et aboutit dans ce grand ministère spécialement fabriqué pour feu le duc de Bordeaux, qui, de fourre-tout, se transforma en cul-de-sac. Sa Majesté gonfla ensuite ce nouveau gouvernement du duc de Sablé en y joignant, disait-elle, des personnalités compétentes. La compétence, c'était le mot choisi pour capturer les plus voyants de cette Gauche qui n'était point assez piétinée, alors qu'au lieu de tomber aux oubliettes, elle venait de conquérir un joli nombre de sièges à la Chambre, lui permettant d'asticoter. Le comte Copé reçut alors la charge malaisée de mettre en rang, sinon en cage, les députés du parti impérial, parce que ceux-ci récalcitraient, se sentant méprisés par Sa Majesté : « Eh quoi ? disaient-ils, il n'y aurait point de compétents parmi nous ? Ils seraient tous chez nos pires adversaires ? Ne peut-on être à la fois fidèle et compétent ? » Le comte Copé les calmait, non avec des paroles douces mais avec des ordres ; lui-même, sorte de Transfuge de l'intérieur, était un expert en fidélité mobile, aux petits soins des princes et des ducs précédents qu'il avait flattés tour à tour, jusqu'à venir récemment au service de Notre Empereur Victorieux, même s'il ajoutait qu'ayant dix années de moins que lui, il était plus vif à se pousser sur le devant, le jour venu ; cela indisposait le Château où l'on pensait se servir du freluquet avant de le réduire.

Une fois de plus, Sa Majesté avait donc imaginé à la place du duc de Sablé un deuxième gouvernement complet, de toutes couleurs et de tous bords, comme un cocktail, avec cet inévitable lot de Transfuges qui faisait grogner ses propres troupes, mais pour remplacer le duc de Valenciennes, puni, Sa Majesté nomma aux Finances la marquise de La Garde en expliquant que si elle n'était en rien issue de l'univers politique, elle avait longtemps jonglé avec la monnaie internationale.

Notre Energique Souverain appréciait l'allure masculine et volontaire de la marquise, sa façon de truffer les phrases d'expressions anglaises, ses exploits d'hier à la nage synchronisée, son goût ardent de la course à pied matinale, et, au-dessus de tout, qu'elle eût figuré sur la couverture du *Financial Times* à l'époque où elle menait à la baguette et à la gueule un escadron d'avocats, là-bas, à Chicago. Chicago! La Chicago mythique des séries télévisées dont Sa Majesté était gavée, la Chicago des gangs, des distilleries clandestines et des mitraillettes aux chargeurs en camembert, la Chicago d'Al Capone et d'Eliot Ness. Il y avait un peu de ce sel chez la marquise de La Garde. Elle présentait bien à l'écran, hâlée comme au retour de Biarritz, le cheveu gris de fer taillé court, le foulard de prix mais négligemment posé autour du cou, un sourire plein de dents fort hollywoodien. Enfin, elle illustrait jusqu'à l'extravagance l'individualisme forcené de la pensée régnante. « Vous voulez gagner des sous ? disait-elle. Faites comme moi, travaillez plus et plus encore, arrêtez de penser, agissez ! » Elle débusquait un flemmard derrière le moindre chômeur et n'en avait aucune indulgence ; elle ne saisissait pas que le petit nombre de chanceux qui parviendrait à travailler plus priverait des milliers d'autres de travailler tout court. Cela s'était vérifié dans bien des royaumes voisins, où l'on travaillait moins mais presque tous, et qui n'en étaient que plus riches, comme la Norvège, la Suisse, le Danemark, la Hollande, la Suède. Même si vous lui démontriez par les chiffres cette impertinente vérité, notre marquise n'en démordait pas et se cantonnait à la sienne. Elle allait répétant que le travail était une joie, condamnait à la tribune *Le Droit à la paresse* de M. Paul Lafargue, un libelle de 1880 dont elle n'avait lu que le titre, qui l'épouvanta, sans savoir que son auteur s'extasiait en fait sur le machinisme naissant : grâce aux nouveaux engins, pensait-il, les enfants de huit ans n'auraient plus à travailler treize heures par jour ; sans doute, mais M. Lafargue n'avait pas prévu *Les Temps modernes* de M. Chaplin, les usines de M. Ford, ni ces ingénieurs en automobiles d'aujourd'hui que les cadences mangeaient et qui se pendaient dans leurs vestiaires, à Mulhouse.

Un jour, la marquise revint bouleversée de la gare du Nord. Quoi ? Avait-elle été remuée par les régiments banlieusards qui se tassaient dans des trains vieillots dangereux et sales ? Non. Ce n'était pas sa fibre. Elle sanglotait sur le sort des millionnaires obligés de s'expatrier à Londres ou à Bruxelles, et qu'elle avait vus monter, si moroses, si patriotes, dans l'Eurostar ou le Thalys pour échapper à l'impôt. La marquise de La Garde avait résolu de vivre à côté du réel, à l'inverse de notre très considéré Prix Nobel, M. Camus, qui l'en aurait instruit avec un seul adage : « La vérité de l'esclave vaut mieux que le mensonge du seigneur. » Pour qu'elle comprît M. Camus, il eût fallu que la marquise ne possédât point un gésier à la place du cœur et qu'elle eût un œil moins myope. Peu importait. Deux jours après son installation au palais de Bercy, Sa Majesté la salua en ces termes : « C'est la meilleure à cette place, elle va battre tous les records ! » On ne sut pas tout de suite de quels records il s'agissait.

Chapitre III

FRAÎCHEUR DU MOIS DE JUILLET. — UNE CABALE QUI
N'EN FINIT PAS. — NOIRS DESSEINS DE SA MAJESTÉ
ENVERS M. LE DUC DE VILLEPIN. — PORTRAIT DE
CELUI-CI. — LA STRATÉGIE DU BERNARD-L'ERMITE.
— SOUS LA TENTE DU BÉDOUIN. — BONS TYRANS ET
MAUVAIS TYRANS. — TINTIN AU CONGO. — LE CRIME
DE M. DE VEDJIAN.

LE PREMIER ÉTÉ DU RÈGNE
commença sous la pluie. Il y eut dans le monde des
ouragans, des inondations et des canicules. Le
Tour de France s'élança de Londres qui n'était
point exactement sur notre territoire, et, même
chargés de médications qui devaient les transformer en surhommes, les coureurs ne purent franchir la Manche à vélo. Des cygnes grippés éternuaient dans les étangs de la Moselle ; nos poulets
de grain vivaient dans la peur de cette fièvre.
Vivaient aussi dans la peur, mais très au-delà de
chez nous, les victimes nombreuses de la guerre
qui embrasait les califats de Bagdad, Beyrouth,

Kaboul et Karachi. Pour marquer une volonté de paix, des avions internationaux avaient mitraillé d'abondance une école, et ici, même les plus rapides à s'indigner ne levèrent pas la voix ; ce qu'on ne montrait pas n'existait pas. Le temps, les choses, les hommes, tout était comme chahuté et rompu, tant les manières lentes de l'ancien régime semblaient loin, tant Notre Tourbillonnant Souverain semblait sur le trône depuis des années. Une tradition fut quand même respectée dans l'Empire : les prix des choses courantes augmentèrent en même temps, le 1er juillet, sauf les salaires, et de mauvais augures prévoyaient d'autres envolées pour l'automne, même si Sa Majesté entendait privilégier la consommation, car si personne ne consommait nous courions à la faillite. Que deviendraient les boulangers s'ils ne vendaient plus de pain, les banquiers leurs crédits, les bijoutiers leurs colifichets ? Il convenait désormais de consommer par civisme, tout et n'importe quoi, même avec moins d'argent, afin de signaler au monde un bel exemple de confiance retrouvée. Quelques mauvais joueurs, des étrangers bien sûr, jaloux de l'énergie que développait Notre Leader Suprême, l'avisèrent qu'il fallait surtout restaurer le crédit de son Empire, fort mis à mal, en trouvant des solutions moins incantatoires aux problèmes de cette dette qui pesait sur les finances publiques comme un fardeau aussi écrasant que déplorable, sans qu'il donnât l'espoir de le voir s'alléger. L'Empereur remit à plus tard cette fatalité qu'il disait avoir héritée de l'ancien régime, mais il dut quand même visiter les Argentiers des royaumes voisins, réunis pour cela.

A son retour de palabre, nos gazettes montrèrent un Nicolas Ier enjoué et victorieux, tout couvert de laurier, quand, en réalité, il avait subi force sermons puisqu'au lieu de combler le gouffre de sa dette il le creusait davantage avec des cadeaux hors de prix, qui devaient aider les plus aisés à augmenter leur aisance. Il se vit traiter de dépensier et d'aveugle, au détriment des royaumes voisins qui regardaient ses agissements de travers, redoutant chez eux ce mauvais exemple et une contagion de l'endettement. Quoiqu'il l'affirmât à son peuple, Notre Magique Souverain n'obtint aucun délai nouveau pour assainir ses finances malades, mais il lui suffit d'avancer l'inverse pour qu'on le crût. A vrai dire il avait d'autres comptes à régler, plus personnels, d'autres adversaires à domestiquer ou à déchirer en charpie. Parmi ces derniers figurait l'emblématique duc de Villepin qu'il rêvait de changer en descente de lit pour le piétiner chaque matin avec rage et commencer d'un bon pied ses journées. Il envisageait de l'envoyer par lettre de cachet au donjon de Vincennes consolidé et restauré, afin qu'il y croupisse.

Tout séparait Sa Majesté de M. le duc. Celui-ci était un grand homme bien fait, avec un grand nez, des mèches prématurément blanches et fournies, et une physionomie telle qui ne se pouvait oublier quand on ne l'aurait vue qu'une fois : elle avait de la gravité et de la galanterie, du sérieux et de la gaieté ; ce qui y surnageait, ainsi que dans toute sa personne, c'était la finesse, l'esprit et surtout la noblesse. Ses manières y répondaient dans la même proportion, avec une aisance qui en donnait aux autres, et cet air de bon goût qu'on ne tient que de l'usage de la meilleure compagnie et du grand monde, qui se trouvait répandu de soi-même dans toutes ses conversations ; avec cela une éloquence naturelle, fleurie, une politesse insi-nuante ou cassante, mais noble et proportionnée, une élocution facile, nette, agréable, un air de clarté et de netteté pour se faire entendre ; avec cela un homme qui ne voulait jamais avoir plus d'esprit que ceux à qui il parlait, sauf s'il parlait à Sa Ma-jesté qu'il ressentait comme son exact contraire.

Quand Notre Bouillant Leader trépignait encore aux portes du Château qu'il voulait investir, quand il ne pensait qu'à ce trône où il finit par s'asseoir, il n'imaginait autour de lui qu'offenses mortelles et dangereuses, et il était plein de fiel pour qui vou-lait compliquer son ascension. Or on lui présentait M. le duc comme son rival le plus certain, parce qu'il avait mieux l'allure d'un prince, préférait les dîners fins aux hamburgers, les poèmes de M. Borges aux feuilletons californiens, les artistes aux politiques qu'il jugeait assommants. Ainsi chaque parole et chaque posture de M. le duc irritaient Notre Angoissé Souverain et lui portaient au foie. Il ne supportait pas que M. le duc ressemblât par sa hauteur et son verbe à ce M. de Lamartine, à la fois poète et homme d'Etat quoique peu politique, qui, à l'Hôtel de Ville de Paris, seul, sans dormir pendant soixante heures, avec deux pistolets à la ceinture, avait contenu une redoutable émeute en 1848. Il ne supportait pas davantage que M. le duc prononçât un plaidoyer contre l'expédition étasunienne projetée pour écraser le calife de Bagdad, qu'il prévoyait meurtrière pour plusieurs peuples, interminable dans ses conséquences. Voyant le désastre derrière les rodomontades de Johnny Walker Bush, le duc avait alors chanté la vieille Europe et fustigé le Texas; il fut applaudi debout par les délégués de toutes les nations du monde.

A cette époque, par des hommes à lui placés auprès des plus grands ministères, Notre Prince eut vent d'une cabale préparée pour le noircir. Il s'en ouvrit aussitôt au baron Pasqua, alors retiré, mais qui avait si longtemps fréquenté la part obscure et scélérate des régimes d'avant qu'il restait un praticien du truquage, de la manœuvre et du coup fourré. Une liste circulait en effet dans les plus sombres coulisses de l'Etat, une liste qui alignait les noms de gens indignes qui auraient placé hors frontières, bien à l'abri, des sommes considérables et douteuses. S'y côtoyaient des industriels, des financiers, des hauts policiers, des hauts fonctionnaires, des maîtres espions, des comédiens huppés et des politiques issus de tous les clans. Sa Majesté figurait à deux reprises dans cette ignoble liste, sous des pseudonymes transparents. Sans attendre, elle accusa du méfait son flamboyant rival, car elle ne voyait que lui aux commandes d'une telle machination : « Il va payer ! L'heure est venue ! Il va déguster ! » Le baron Pasqua dut lui conseiller de patienter, que cette affaire mûrisse et pourrisse, qu'elle éclate au jour, que les manipulateurs se dévoilent. Ce ne fut que deux années après en avoir eu connaissance, que Sa Majesté s'en plaignit fortement devant le Tribunal, peu de temps avant son sacre, comme un coup fatal asséné à M. le duc qu'il s'agissait d'écarter sans retour.

De quoi M. le duc était-il coupable ?

Un homme masqué avait posé la fameuse liste dans son courrier, il l'avait lue et, tombant sur le nom grossièrement maquillé de Sa Majesté, eut un sourire : si cela était vrai, le principal prétendant au trône serait banni. Il fallait s'en assurer. A l'écart des circuits officiels, M. le duc convoqua dans la discrétion le bonhomme Rondot qu'il avait naguère fait travailler à des missions secrètes, lorsqu'il occupait au Château le poste de chambellan du roi Chirac. C'était un officier supérieur qui, en civil, n'en avait pas la mine. Il s'était illustré cependant dans les Balkans, en chassant des criminels de guerre, ou bien chez nous, dans l'ombre, à la poursuite de terroristes. Il se trouva fort empêtré quand M. le duc lui demanda de vérifier l'authenticité de la liste affreuse. Le bonhomme Rondot n'y voyait que du fumeux, ignorait autant l'informatique que les affaires d'argent. Comme il ne comprenait rien, il notait tout. Voilà un exemple rarissime d'agent secret qui notait tout ce qu'il voyait, entendait, et ce que d'autres lui confiaient avoir vu ou entendu, sans démêler le vrai du ragot. Il n'avait point pour modèle ce colonel Blanco, le chef des espions espagnols qui, dans son officine de la Puerta del Sol, avait un bureau en verre sur lequel il écrivait ses rendez-vous du jour, qu'il effaçait au chiffon chaque soir. Non. Le bonhomme Rondot conservait religieusement ses notes et brouillons mal codés. Il en ressortait, d'après des témoignages de seconde main, que le duc avait comploté pour terrasser Sa Majesté Naissante, mais selon les vœux du roi Chirac. Ces gribouillis secrets furent mis au jour et le duc impliqué comme s'il avait en personne élaboré cette liste. On l'accusa. Alors, levant les yeux au ciel et presque hors de lui, M. le duc protesta qu'il n'avait jamais été combattu de la sorte.

Dès le début du règne, comme il rentrait d'un bref repos en Andalousie pour y prendre un peu de lumière en récitant García Lorca :

> *Un seul poisson dans le flot*
> *Deux Cordoue de beauté pure*
> *Cordoue en jets d'eau brisée*
> *Sèche Cordoue dans l'azur*

M. le duc fut cueilli devant sa porte parisienne par une brigade de sergents en veston mais armés, qui entreprirent de fouiller sa voiture jusque dans le moteur et sous les sièges, lui prirent son porte-feuille, épluchèrent ses papiers, mirent les mains dans ses poches, le poussèrent chez lui pour retourner les tiroirs et penderies, soulever les matelas, saisir des factures et des lettres qu'ils emportèrent dans des cartons scellés, à la recherche de preuves pour bien montrer le rôle éminent joué par M. le duc dans cette cabale de lèse-majesté. Traité en assassin, M. le duc s'entoura dès lors d'avocats car il était bonnement inculpé, comme s'il avait fabriqué avec malice la longue liste accusatrice où figurait Notre Limpide Souverain.

Celui-ci, même installé au sommet, avait maintenu sa plainte et puisque maintenant il commandait aux magistrats impériaux, il pouvait suivre dans ses méandres le gros dossier consacré au duc qu'il imaginait dans les flammes, grâce aux sornettes du bonhomme Rondot.

Ce fut donc l'esprit en liesse que Sa Majesté poursuivit ses exploits, plébiscité par son peuple qu'il avait hypnotisé à force de sauter, rapide, toujours plus rapide, d'un sujet à l'autre, d'une ville à l'autre, d'une usine à un atelier, d'une boutique à un stade, d'un pays à l'autre. Il s'occupa d'éteindre les incendies de pinèdes en Grèce, de soulager le désespoir des pêcheurs d'anchois, d'encourager les cyclistes dopés lors d'une étape de montagne qu'il suivit en auto découverte pour qu'on le vît mieux, de dorloter des pauvres gens atteints du mal de M. Alzheimer, ce qui fut le comble de la vertu car, perdant leur mémoire au fur et à mesure, ils furent les seuls à oublier dans l'instant sa visite, et certains même, avec force sérieux, lui demandèrent : « Qui êtes-vous, mon petit garçon ? » Sa Compatissante Majesté se voulait à tous les chevets, après un accident de la route, après un drame de la mer, après une sécheresse, après une pluie de grêlons.

Ce fut alors que Notre Leader Maximum inaugura ce que les historiens et ses hagiographes appelèrent par la suite « La stratégie du Bernard-l'Ermite ». Le Bernard-l'Ermite est un genre d'asticot des plages qui repère au premier coup d'œil les plus jolies coquilles, en déloge les habitants, qu'il chasse ou qu'il mange, pour occuper leur place et se faire voir ainsi paré à l'ensemble des crustacés et des coquillages comme le plus beau d'entre eux. Notre Majesté s'apparentait à ce petit animal fiérot et elle n'avait pas son pareil pour, comme lui, repérer les coquilles les mieux nacrées dont elle pourrait profiter pour augmenter sa gloire aux yeux de la terre entière.

Une occasion se présentait justement.

Le Bédouin qui régnait à Tripoli depuis des dizaines d'années, fort en gueule et fantasque, retenait en otages depuis huit ou neuf ans des infirmières méritantes et bulgares, chaque jour menacées de pendaison et chaque jour torturées ou violées sur ordre par des brutes, condamnées à manger le sable du désert et à boire l'eau croupie des puits réservés aux chameaux. Qu'avaient-elles fait pour mériter l'enfer ? Rien, rien du tout, sinon soigner. Malheur ! les enfants qu'elles bichonnaient furent contaminés par un virus malin et il en mourut. Pour ne pas accuser l'hygiène déplorable de son pays, et parce qu'il fallait livrer des têtes au peuple qui grondait après lui, le Bédouin, afin de consolider son trône en faisant taire les tribus hostiles de son califat, désigna donc ces

68

infortunées Bulgares. Chez lui on le crut, partout ailleurs on s'alarma, on protesta, puis on négocia. Mais le Bédouin, longtemps réprouvé pour ses méfaits, du temps où il faisait exploser nos avions de ligne, souhaitait renouer avec les civilisés pour commercer avec. Il était riche, il espérait des tanks, des avions, une panoplie d'armes en tous genres parmi les plus modernes. Pour cela, il devait libérer les Bulgares. Il était donc sur le point de fléchir ; les émissaires mandatés par l'Union des royaumes d'Europe allaient aboutir dans peu de jours, quand, miracle, vision du ciel, Notre Preste Souverain arriva, et, à l'imitation du Bernard-l'Ermite, se glissa dans la coquille des autres, toute prête, toute chamarrée, pour s'y lover et l'emporter à leur place.

Voici comment.

Le cardinal de Guéant n'ignorait rien des tractations avec le Bédouin, dont il connaissait en intime ou presque le chef des espions. Son Eminence savait que ces gens-là fonctionnaient autrement que nous, qu'il fallait leur jouer du pipeau, provoquer un déclic pour emmener la décision. Or le Cardinal avait la cervelle en forme de classeur. D'une part il savait Sa Majesté virtuose dans l'art du pipeau, d'autre part il se souvenait qu'autrefois, lorsque le Bédouin servait de banquier à tous les terroristes de la planète sans distinction, notamment ceux qui espéraient faire sauter le palais du dictateur Marcos avec lui dedans, ce dernier lui envoya des Philippines son épouse Imelda pour battre des cils, danser du ventre, le séduire par mille roucoulades afin qu'il acceptât de ne plus assister les opposants. Charmé comme le serpent, le Bédouin asséccha les caisses de la guérilla des Philippines, qui s'épuisa, et M. Marcos demeura au calme dans son palais. Il fallait provoquer ce type d'étincelle, expliqua Son Eminence à Sa Majesté. Alors l'Impératrice fut dépêchée sous la tente du Bédouin, et y tint le même rôle qu'Imelda, pour de semblables résultats.

Dans les gazettes de l'univers entier, Notre Rusé Souverain répéta que tandis qu'on papotait çà et là, ergotait, se dérobait, suppliait, menaçait, s'agitait en vain, lui agissait et réussissait de suite. Il mit en avant le génie de l'Impératrice, laquelle avait ramené dans son avion à nos couleurs les infirmières libérées; en Bulgarie elle fut vénérée comme la Madone, mais en effigie, car elle s'éclipsa très vite pour ne point manquer une présentation de mode rue Saint-Honoré, à Paris; elle ne connaissait aucun grand couturier à Sofia.

Donc, la claire présence de l'Impératrice, qui avait visité l'hôpital maudit, tourné brièvement autour des grabats où se défaisaient les jeunes incurables, cela suffit pour que le Bédouin, ce vieux renard, accordât son pardon à des infirmières innocentes. Ah le noble geste! Il y eut toutefois des grognements et des sourcils froncés, autant dans ce qui nous restait de Gauche que dans les pays voisins. Le comte d'Orsay, étranger aux arrangements, s'emportait à la commande au moindre doute émis sur la pureté de l'opération divine menée par notre Impératrice, et par le Cardinal. Le comte se moquait : « Le succès déclenche des jalousies! » Cela était vrai en tous temps, en tous lieux et en toutes occasions, mais on le vit poser son paraphe, à Tripoli, au bas d'un accord. Y parlait-on de la vente d'un réacteur nucléaire, tout à fait inoffensif car il ne servait qu'à dessaler l'eau de mer? Le comte d'Orsay niait : « L'hypothèse de la fourniture d'un réacteur n'est pas du tout avérée. » Qu'avait-il donc signé, sous le regard attendri de Sa Majesté et du Bédouin qui portait en badge une carte de l'Afrique sur sa veste flottante? Dès qu'on évoquait une contrepartie en argent, Notre Incorruptible Souverain se fâchait : « Pas un sou! Nous n'avons pas donné un sou au Bédouin! » En fait, la rançon très énorme avait été versée par un ami de Sa Majesté, l'émir du Qatar, lequel dormait sur une nappe de gaz géante et avait ouvert ses coffres, sans contrepartie car il était humanitaire – ce que chacun fut obligé de croire car on n'en sut pas davantage.

Vinrent ensuite des contrats tout chauds arrangés depuis belle lurette et libérés en même temps que les infirmières ; ils n'attendaient plus que la signature du Bédouin qui devait nous régler plusieurs millions d'euros pour des missiles destructeurs de chars, un système militaire de transmission avec tous ses appareils sophistiqués, une usine d'armement à domicile et autres babioles pour tuer dans le confort. L'ancien bandit international, qui échappa naguère au bombardement de son palais en représailles à ses malfaisances, était dorénavant considéré comme un seigneur très sage et convenable, malgré les lunettes noires qui cachaient son regard féroce.

Depuis qu'il présidait à nos destinées, Notre Universel Souverain s'était rendu à l'évidence : il y avait des bons tyrans et des mauvais tyrans. Les bons tyrans étaient assis sur du pétrole, du gaz ou de l'uranium. Les mauvais n'étaient assis que sur leurs fesses. Avec les premiers on pouvait et devait commercer follement, avec les seconds il convenait de montrer les dents et de leur lâcher des bombes à billes sur le museau. Il y avait des accommodements. Une telle doctrine ne saurait être trop rigide à qui se consacre aux affaires. Lorsque le calife de Bagdad était un bon tyran et qu'il guerroyait à notre place pour juguler les mollahs hurleurs de Téhéran, les morts qu'il faisait n'étaient point sur nos livres de comptes ; il n'y eut pas même de protestations outrées quand il détruisit des villages suspects et extermina leurs habitants avec des gaz, puisque les hélicoptères étaient français et la chimie allemande. Lorsqu'il exagéra, lorsqu'il se montra moins docile et que sa tête enfla hors de mesure, il devint dans la minute un mauvais tyran et condamné comme tel. Un bon tyran qui se croit plus fort que ses fournisseurs devient un mauvais tyran. C'était la loi. Il fut châtié.

Sa Majesté avait été instruite de ces pratiques ancestrales ; le chevalier de Guaino lui avait offert un album de M. Hergé sorti de sa bibliothèque et avec lequel il travaillait, *L'Oreille cassée*, une aventure de M. Tintin dans la jungle. L'auteur y détaillait dans les pages 33 et 34 la méthode ordinaire pour vendre des armements nocifs et remplir ses coffres. Voyons cela de plus près. Un chef d'Etat, le général Alcazar, reçoit un certain M. Chicklet fort élégant, vêtu d'une queue-de-pie, d'un gibus et d'un col cassé, qui lui annonce, nous citons : « Voyons, général, réfléchissez. Il y va de votre intérêt. Je vous le répète, vous déclarez la guerre au Nuevo-Rico, vous annexez les terrains pétrolifères et votre pays touche 35 % sur les bénéfices à réaliser par notre Société. De ces 35 %, 10 % vous reviennent personnellement... » Peu après, un autre visiteur se fait annoncer au général

Alcazar : « Basil Bazaroff, de la Vicking Arms CTLTD ». Celui-ci se prétend de passage dans le pays et veut soumettre ses derniers modèles de canons maniables et robustes. Le général passe commande. Bazaroff lui vend soixante-quinze canons premier choix et soixante mille obus, puis il s'envole pour la capitale ennemie où il joue la même scène au général Mogador, et prend la même commande. La guerre peut commencer. La Société de M. Chicklet, dans tous les cas, pourra exploiter les champs de pétrole du Nuevo-Rico. Ce schéma simple décrit une simple réalité, comme toujours dans les œuvres de M. Hergé.

Les aventures de M. Tintin nourrissaient pour une large part la culture politique du chevalier de Guaino, qui y voyait un bréviaire pour l'action, aussi, le jour où Sa Majesté décida de visiter ses homologues africains, choisis parmi les plus vieilles connaissances de notre pays, le chevalier rouvrit sans hésiter *Tintin au Congo*, une belle édition de 1930 qu'il ne voyait point un instant démodée, et qui suffisait pour ciseler de magnifiques discours et de fines répliques. Sa Majesté en serait ainsi mieux éclairée sur le continent noir, dont pour commencer il lui indiqua l'emplacement sur une mappemonde. Notre Studieux Leader, quoique sachant tout par lui-même, suivit les conseils de son conseiller et se fit une idée d'ensemble, mais précise, des contrées qu'il partait explorer. Il apprit donc que le roi des Babaoro'm tenait un rouleau à pâtisserie en guise de sceptre, portait une couronne sommaire, une collerette en dentelle, un pagne en peau de léopard et des guêtres. Il apprit également que les indigènes de là-bas mangeaient des antilopes sans sauce de barbecue. Il apprit pour ce premier voyage quelques phrases qui lui permettraient d'être mieux compris par cette population dont il voulait soulever l'enthousiasme : « Li missié blanc très malin » ou « Missié blanc, toi y en a sauver nous! Li seigneur lion li devenu enragé! » ou encore « Toi y en a bon blanc, toi y en a accepter être grand chef des Babaoro'm... » Il apprit même, dans l'aéronef qui l'emmenait, le chant des piroguiers ramant sur un fleuve infesté de crocodiles : « U-élé, u-élé, u-élé ma-li-ba ma-ka-si... » Munie d'un tel bagage Notre Majesté allait éblouir.

Elle éblouit à tel point que ce fut aveuglant.

Notre Eloquent Grand Leader prononça à Dakar un discours magistral comme on aurait pu l'entendre au début du siècle dernier, tant il parut éternel, mais de tous les discours, fussent-ils longs, fussent-ils beaux, on ne retenait guère qu'une période infiniment commentée; pour accabler Sa Majesté ce fut celle-ci : « Le drame de l'Afrique, c'est que l'homme de vos régions n'est pas assez entré dans l'Histoire. Jamais il ne s'élance vers l'avenir, jamais il ne lui vient à l'idée de sortir de la répétition pour s'inventer un destin... » Cela signifiait : « Remuez-vous, bande de cloches ! Au boulot ! Si vous n'imitez pas les bons Blancs comme Monsieur Tintin, vous allez végéter, tas de nuls ! » Les gazettes locales n'apprécièrent point ces instructions venues d'ailleurs et irréelles, car les gens d'Afrique entendaient vivre à leur guise sans imiter personne. Bref, contrairement aux attentes de Sa Majesté, ils n'entonnèrent pas en chœur la formule qui clôt l'ouvrage si documenté de M. Hergé : « Dire qu'en Europe, tous les petits Blancs y en a être comme Tintin. » Si Notre Leader Charismatique n'était pas, de par sa volonté, un intellectuel, il le montra ce jour-là, mais devant un parterre de jeunes intellectuels africains qui pensaient revenu le temps des colonies. Pas d'Histoire ? Le chevalier de Guaino avait omis de mentionner, au long des siècles, la dynastie fatimide, le royaume du Bénin, l'empire yarouba, celui de Kongo, celui des Ashantis...

Sa Majesté voyait l'Afrique en noir et blanc et non point en couleurs. Le lendemain du discours si bien enlevé et si mal perçu par les autochtones, elle s'envolait au royaume du Gabon pour y serrer dans ses bras le chef Bongo, un doyen qui avait usé cinq monarques français, et que la justice poursuivait à Paris parce qu'il avait acquis des bien immobiliers nombreux et de luxe, sans qu'on sût avec quel argent. Notre Equanime Souverain passa outre et n'évoqua point cette indélicatesse de nos juges, il salua le chef Bongo qui le salua de même en le recevant, au pied de son aéronef, avec un défilé militaire de belle taille où la musique joua en rythme « Auprès de ma blonde... ». Il fut retenu par le chef Bongo plus longtemps que prévu dans le programme, et il dut se promener un peu dans la forêt tropicale pour laquelle il joua l'extase. En chemin il rencontra Mme Jane Goodall, spécialiste des primates, qui l'initia au langage des singes, ce à quoi il se plia volontiers pour ne pas déplaire à son hôte. Alors Mme Goodall se courba en deux, poussa des petits cris ridicules, se pencha de côté, dodelina, montra les dents, prit une démarche simiesque qui la fit ressembler à Johnny Walker Bush descendant de jeep, tournoya, apprit à répondre à ce qu'elle nommait des signes d'affection : « Sire, posez vos bras sur ma tête, c'est ainsi qu'on répond aux singes. – Je m'en souviendrai à Paris », dit Notre Leader en riant sans qu'on sût à qui il songeait ; en revanche il refusa de réitérer l'exercice avec un vrai animal, ne voulant rentrer au Château avec une morsure au mollet ou au nez. Ce fut la seule aventure digne d'intérêt de ce voyage qu'il fit en un éclair, selon son habitude, comme ces sauts de quelques heures, le même mois, chez le sultan de Tunisie, un pays touristique et très calme puisque les trublions étaient tous enchaînés dans des cachots, et aussi chez le sultan d'Algérie qui enchanta Sa Majesté car il était d'une taille inférieure à la sienne. Il n'en sortit que de courtes embrassades avant le retour au Château ; Notre Leader Malin avait remis à plus tard son escale au Maroc, où il devait séjourner plus longtemps et en grande pompe, pour vendre dix-huit avions de combat au roi Mohamed VI, lequel enviait les appareils russes de ses intimes voisins d'Alger.

Et le mois de juillet passa, maussade, indifférent et plutôt paisible. Notre pays semblait sous anesthésie et même la jeunesse, d'ordinaire si prompte au remue-ménage, même la jeunesse était molle, qui avait remplacé les révoltes adolescentes par la soumission automatique, et ne se passionnait que pour sa retraite avant même d'avoir déniché le moindre travail. Il y eut néanmoins un scandale. Depuis quelque temps les mots devaient être muselés ; le vocabulaire hirsute n'était point de mise en public, s'il restait la règle en privé. A cause des micros et des caméras qui nous enveloppaient de partout, le privé et le public se brouillaient, et on ne savait plus que dire ni comment. Voici donc ce qu'il advint au général baron de Vedjian.

A force d'être espionné en permanence, il avait oublié qu'il l'était. Un jour, devant la Chambre mais sur le trottoir, on lui présenta un courageux et tendre député impérial qui avait mis à terre une rivale pourtant mieux préparée au combat, et qu'une télévision locale était en train de filmer. Parlant de la vaincue, tout à sa joie d'un siège ainsi emporté, M. de Vedjian tourna une phrase banale à demi couverte par le bruit d'un cyclomoteur, dont on ne perçut que le final : « Cette salope… » Ce qu'on qualifiait autrefois de gros mot ou d'injure, à force d'usage répété dans la plupart des conversations dont celles de Sa Majesté, avait perdu de son pouvoir détonant, et, quoique manquant de tenue, ne devenait guère plus qu'une ponctuation du genre : « Merde alors ! » ou « Oh le con ! » ou « Quel enculé ! ». Mais notre époque, se voulant prude, laissait éclater à chaque instant une rare hypocrisie. Les personnes à cheveux blancs qui, à la fin des marchés, se ruaient en grappes sur les poubelles pour y glaner un trognon de chou, de la charcuterie avariée ou trois pommes de terre à seule fin de se remplir l'estomac, cela n'indignait plus. Un mot usé provoquait la foudre. Associations vertueuses et gazettes firent une belle chorale : « L'insulte machiste de M. de Vedjian », « L'injure se transforme en affaire d'Etat », « Quand M. de Vedjian dérape »… Le général baron dut s'excuser en public et Notre Souverain lui-même, qui possédait tout un répertoire de mots blessants et orduriers qu'il réservait à ses plus proches, y alla du sermon : « Ce n'est pas une façon de parler aux femmes ni à qui que ce soit. »

Cette affaire d'Etat dura au moins deux jours.

Chapitre IV

En ses débuts, le mois d'août laissa les gazetiers désemparés puisque Sa Majesté avait décidé de sacrifier à la tradition bien sotte et bien inutile des vacances, cette paresse instituée qu'elle déplorait. Ainsi, pendant plus de deux semaines, les reporters sagaces n'allaient plus décortiquer ses mots et ses gestes en moulinets, alors, que pouvait-on raconter d'autre qui intéresserait, tellement le public était déjà accoutumé, voire accroché, aux exploits quotidiens de Notre Héroïque Leader, et, accessoirement, de la famille impériale et de la Cour ? Quelle information saurait croustiller autant ? Bien sûr, on découvrit l'existence de quelques ministres qu'on avait crus décédés, endormis ou naturalisés, mais ce ne fut que pour démêler des broutilles ; la marquise de Saint-Jean-de-Luz, ministre supposée à l'Intérieur, écourta son congé balnéaire pour intervenir avec un surcroît de sérieux sur les accidents de fêtes foraines ; on vit le duc de Valenciennes déplorer la chute d'un autocar de pèlerins polonais qui revenaient de Lourdes en chantant « Plus près de toi mon Dieu », et, ô ironie de la divinité, se fracassa dans un ravin des Alpes, aussi le duc dut-il étudier tous les virages dangereux de France, simulant une vibrante passion pour les limitations de vitesse des camions, les portiques et les hiéroglyphes des panneaux indicateurs, ce qui le sortait un peu du réchauffement de la planète dont il avait la surveillance officielle en remplacement de M. le duc de Bordeaux, remercié et assigné à résidence dans sa Gironde. Les événements de l'été semblaient bien pauvrets ; pour nous assombrir plus, le soleil se refusait aux vacanciers emmitouflés sur des plages en plein vent ou pressés sous des parapluies.

Par chance, la famille impériale ne se rendit point en villégiature dans son castel de Brégançon, où nos gazettes l'auraient surprise en haut du donjon, ce qui aurait manqué d'imprévu et de grandeur. Notre Fougueux Leader, toujours avide de symboles et d'aventure, emmena les siens et des amies de l'Impératrice au-delà de l'océan, dans une grosse bâtisse de l'Est américain, avec une plage privée au bord du lac Winnipesaukee dont les eaux avaient la réputation d'être glaciales en toutes saisons. Sa Majesté expliqua ce choix : « Je suis venu chercher l'Amérique profonde, les forêts, les lacs... » Mais pas les gens. La famille impériale, et sa suite, ne résidait nullement chez les grossiers cow-boys rougeauds qui, au saloon, visaient le crachoir de cuivre d'un glaviot très sûr en sirotant à la bouteille des alcools au goût de punaise. Oh non ! Des proches très fortunés leur avaient offert un séjour à Wolfeboro, une station vieillotte où se reposaient les célébrités blanches, conservatrices et riches ; il n'y avait là aucun Noir, aucun Indien Sioux, aucune activité, pas même des hamburgers, seulement la course à pied dans les sous-bois, la pêche à la ligne, le canot à moteur et la télévision allumée sur Fox News. Sa Majesté tournait en rond dans les deux mille mètres carrés de cette résidence ventrue aux toits verts. Par indiscrétion, nous vîmes des images qui détaillaient les lieux, une salle à manger en Louis XIII reconstitué et corrigé façon Paramount, un salon très très haut de plafond où les fauteuils paraissaient des miniatures, tout un lot de salles de bains. Sa Majesté se sentait recluse dans cet environnement qui, cependant, sentait les dollars ; elle portait en permanence son téléphone à l'oreille pour ne pas épuiser en farniente son inépuisable énergie nerveuse. Même séparé de nous par les flots de l'Atlantique, Notre Souverain demeura présent et les gazettes ne l'oublièrent pas un instant.

Le voici debout sur un canot, à l'abordage d'une chaloupe affrétée par des agences de presse locales, d'où deux photographes mitraillaient son repos et troublaient un calme apparent. Notre Leader Exaspéré voulut jeter dans le lac leurs appareils et les insulta très fort mais dans sa langue à lui, et ces étrangers ne le comprirent qu'à sa gesticulation éloquente. « Foutez-moi la paix ! criait-il, rouge de fureur. Understand ce que j'dis ? » Le voici un autre jour, plus serein, qui rame en canoë avec le jeune Prince Louis. Des retoucheurs habiles gommèrent les bourrelets qui débordaient du maillot de bain, mais l'affaire se sut à Paris et on en causa beaucoup.

Que cherchait Sa Majesté dans un semblable trou ? Comment s'occuper avec efficacité quand on s'ennuie d'un repos choisi mais un brin forcé par l'Impératrice, même entouré d'amis cossus et déphasés qui mettaient la main à la poche à votre place ? Le voyageur ordinaire, d'un naturel curieux, en aurait profité pour visiter les environs en se cultivant, mais Notre Véloce Leader, si vous lui parliez de culture, ne pensait qu'à des champs de maïs ou de haricots. Cependant Boston n'était pas loin, une ville chargée d'histoire, avec, au bout de ses faubourgs qui l'englobaient, l'ancien village de Concord ; Sa Majesté aurait dû s'y rendre, juste pour l'émotion, car c'était là, en 1775, qu'éclata le premier coup de feu qui déclencha la Guerre d'Indépendance ; c'était de là que partit la Conquête de l'Ouest ; là, aux débuts du chemin de fer et du télégraphe, que se situait le centre culturel du Nouveau Monde autour du philosophe Emerson et de cet Henry David Thoreau, d'origine normande, qui écrivit *La Désobéissance civile*, un court libelle qui inspira les actions de MM. Gandhi et Martin Luther King ; c'était à Concord que naquirent les deux Amériques antagonistes qui existent encore de nos jours, comme la main droite et la main gauche de M. Robert Mitchum dans *La Nuit du chasseur*, celle de l'argent et du profit, celle de la contemplation désintéressée et du pouvoir des fleurs d'où naîtraient les hippies de San Francisco et les œuvres de M. Bob Dylan.

Notre Magnifique Leader eût pu méditer en ces lieux peuplés de fantômes, s'il savait comment cela se pratique, sans gestes et sans mots, sur les pensées que M. Emerson lançait comme des fusées éclairantes : « Une mouche est aussi indomptable qu'une hyène », ou « L'incapacité de s'améliorer est la seule maladie mortelle », ou « L'action réelle s'accomplit dans les moments de silence ». Notre

Prince Absolu aurait pu également consulter les notes de M. Thoreau, lequel mettait à mal la quiétude satisfaite de ceux qui adoraient le Veau d'or : « Les hommes sont des calculateurs si invétérés, de tels esclaves des affaires, qu'il m'est presque impossible de trouver un cahier où il n'y ait pas une raie rouge ou bleue pour les dollars et les centimes... » A ce point, sans doute, Sa Majesté n'aurait pas saisi ; pour elle, à quoi pouvait servir un cahier sinon à faire des comptes ? De même elle aurait compris de traviole la formule du même M. Thoreau qui, prolongeant à son extrême un principe du président Jefferson, affirmait que le meilleur des gouvernements est celui qui ne gouverne pas du tout ; Sa Majesté aurait alors songé qu'elle appliquait cette maxime puisque le duc de Sablé et ses ministres ne servaient à rien.

Notre Intrépide Souverain, on l'aura compris, n'était pas un visiteur ordinaire, et il n'était pas venu au fond des bois bien taillés de Wolfeboro pour réfléchir mais pour montrer sa vitalité aux yeux du monde. Lorsqu'il était sorti de l'aéroport de Boston, voyageant sur un vol régulier mais suivi de très près par un avion officiel qui transportait ses gardes, son médecin, des secrétaires, il n'eut pas le temps de consulter les machines qui indiquaient aux indigènes le temps qu'il leur restait à subir Johnny Walker Bush, qui devait être remplacé vers la fin de l'année suivante pour la plus grande joie de ses sujets ; ce prince était maintenant détesté jusque dans son entourage, les reproches pleuvaient sur sa tête de moineau puisqu'il avait déconsidéré son pays sur l'ensemble de la planète. Sa guerre en Orient s'était avérée ruineuse, menteuse, calamiteuse, dangereuse : trop d'arrogance, trop de mépris, trop de sottises, trop de cercueils ; au lieu d'exterminer les terroristes qui menaçaient partout, il leur avait permis de recruter et de foisonner. Notre Sentimental Leader, malgré cela, montrait une affection enfantine envers ce Prince raté, parce qu'il avait été choisi deux fois par son peuple pour le guider, ce dont il rêvait pour lui-même, et il avait accepté l'invitation de celui-ci dans sa maison d'été de Walker's Point où il pêchait des poissons en famille. Wolfeboro n'était qu'à deux heures d'automobile blindée, il viendrait en voisin. Voilà pourquoi Notre Souverain avait accepté quinze jours de vacances dans une station sinistre de l'Est américain.

Il y eut un problème.

Apprenant que le couple impérial n'était invité que pour un pique-nique, l'Impératrice refusa de s'y rendre. Le tzar Vladimir, lui, avait été convié par privilège quelque temps plus tôt dans la même demeure, mais pour y manger des homards en devisant sur le partage du monde. Quoi ? Un pique-nique? Quel en était le menu? Hot-dog, haricots blancs à la tomate, tarte aux myrtilles? Et les hommes en bras de chemise? L'Impératrice vomissait le protocole mais s'offusquait de son absence. Elle joua la pimbêche, dit préférer les nappes blanches et les assiettes en porcelaine armoriée au déjeuner sur l'herbe, quand les fourmis montent à l'assaut du pain de mie. Ses compagnes de Prada et de Tiffany France, qui partageaient ses bains de soleil, le pédalo et ses flâneries acheteuses dans les échoppes d'artisanat ou d'antiquités de la bourgade endormie, battaient des mains pour approuver ce jugement sur l'inconfort et la vulgarité de ce style de repas sans maître d'hôtel ni sommelier, où l'on tache de ketchup les robes d'été.

Notre Leader Domestiqué partit seul et sans rechigner au rendez-vous du samedi, à bord d'un gros 4×4 noir et polluant. Il se sentait à peine chiffonné, malgré un aller-retour à Paris dans le Falcon 900 du Château qui attendait à Boston en cas de bougeotte impériale et dispendieuse. Pour rien au monde, en effet, il n'aurait abandonné sa place d'honneur à Notre-Dame lors des obsèques de Mgr Lustiger, l'influent prélat. Du coup, l'ancien monarque resta à Saint-Tropez et le duc de Sablé, une fois de plus, ne présida point de cérémonie.

Notre Seigneur Adulé arriva en retard chez

Johnny Walker Bush et sa famille décontractée. Il avait une veste noire avec la boutonnière décorée, des jeans bien repassés au pli quoiqu'en tire-bouchon sur les souliers. Il excusa aussitôt l'Impératrice, prétextant une angine blanche et soudaine qu'il lui aurait transmise sans l'avoir attrapée lui-même, car les maux pliaient devant lui. Il changea illico de sujet, évoqua M. de La Fayette que jusqu'à présent il confondait avec les Grands Magasins du même nom, mais il avait épluché les fiches si utiles du chevalier de Guaino dans son avion privé, pensez donc! tant d'heures de voyage à l'aller, tant d'heures au retour, et il put rappeler que sous le roi Louis XVI nous avions participé aux premiers pas de l'Amérique avec ce M. Washington qui portait un nom de ville. Tant de savoir laissait Johnny Walker ébahi, lui dont les connaissances historiques n'allaient guère plus loin que Davy Crockett et les frères James, qu'il situait à cause d'Hollywood.

Quelques photos encore, pour montrer Notre Souverain tournoyant une demi-heure sur les vagues dans un canot à moteur nommé *Fidelity*, puis il revint émoustillé de cette passionnante visite à l'un des princes les plus décriés du moment. Dans la demeure de Wolfeboro, l'Impératrice ne l'avait pas attendu avec son angine, elle était sortie faire des emplettes au village ; la veille comme le lendemain, des témoins l'y croisèrent d'ailleurs très en forme, c'est-à-dire hautaine comme à l'accoutumée.

L'Impératrice posait des problèmes.

Elle en posait à Sa Majesté.

Elle en posait à ses sujets.

A la une des gazettes où elle figurait souvent on parlait à son propos de mystère ou d'énigme, mais s'agissait-il bien de cela? Une fois de plus, les mots avaient changé subitement de sens par décret impérial. Elle boudait? Non, elle était indépendante. Elle posait des lapins? Non, elle était moderne. Elle avait l'air maussade? Non, elle pensait. Elle décriait l'ameublement du Château? Parce qu'elle était simple. Sèche, elle? Pas du tout, mais réservée. Mal élevée? Non, imprévisible. Capricieuse? Vous n'y êtes pas, elle était seulement pleine de vie, si pleine de vie que sa vie débordait jusque dans les magazines féminins. Indocile? Elle n'en faisait qu'à sa tête puisqu'elle se sentait libre. Ducs, marquis, barons, ministres et secrétaires n'en faisaient aussi qu'à sa tête; ils s'étaient initiés à la révérence et filaient doux: d'un froncement de sourcils elle pouvait les écarter du Souverain. Celui-ci n'était pas au courant de toutes ces lubies que l'Impératrice enfilait comme elles venaient, en parfaite improvisation, mais il excusait toujours ses faux pas car il la vénérait terriblement, au point d'interdire qu'on eût sur elle des mots, ne fussent-ils que malicieux. Il interdisait le dévoilement et la critique, intervenait en personne pour menacer de la porte ou du cachot. L'Impératrice avait à la fois tous les droits d'une personne privée et tous les droits d'une personne publique, moins les devoirs qui allaient avec. Ses fantaisies étaient sacrées. Qui n'en convenait pas méritait les galères. Plusieurs responsables de gazettes, avant même le règne, furent jetés sur le pavé pour cela.

L'Impératrice ne goûtait point le populaire. Lors de la consécration de Nicolas Ier par la foule, elle ne parut qu'à regret sur les tréteaux de la Concorde. Au reste, elle n'aimait pas ce type de démonstration, la foule qui ovationne et crie, trépidante, excessive, aussi s'en écartait-elle la plupart du temps ; le jour de la consécration, elle s'absenta jusqu'au soir, où elle daigna apparaître au dernier moment dans les salons de luxe où elle avait elle-même convié les puissantes relations financières de Sa Majesté, patiemment tissées au fil des ans. Ravi de la voir enfin, Notre Prince la désigna dans un grand geste et dit à cet aréopage d'affairistes cotés à la Bourse : « Vous avez aimé Jackie Kennedy, vous adorerez Votre Nouvelle Impératrice ! » Celle-ci rougit un instant mais de gêne, car la flatteuse comparaison surprit le noble aréopage. Cependant, il y avait dans cette phrase

91

lancée du vrai autant que du faux. Nul n'oubliait que Mme Kennedy savait tenir son rôle, contrairement à l'Impératrice, et qu'elle symbolisait dans le monde le charme et le chic. Nul n'oubliait non plus que M. Kennedy fut assassiné à Dallas, et que Notre Prince se montrait bien hardi. Ce qui était vrai, malgré cela, ce fut que Mme Kennedy, sitôt veuve, trouva à se remarier avec un armateur archimilliardaire, et que l'Impératrice, devant le même choix, ne referait pas sa vie avec un jeune plagiste ou un livreur de pizzas.

D'autres points communs existaient. M. et Mme Kennedy se montraient en famille à leur peuple ; Nicolas Ier et l'Impératrice aussi, oublieux d'un adage du roi Mitterrand qui préférait tout cacher : « Il est vulgaire, inutile et malsain d'étaler sa vie privée. » Sa Majesté avait su mettre en scène la vie quotidienne de sa nichée mais à sa seule convenance, ne l'étalant qu'aux moments utiles pour adoucir son profil de spadassin qui savait jouer du poignard et éliminer ses pairs, parce qu'il terrifia longtemps à cause du survoltage de son discours, presque aboyé. En cela il avait donc appliqué les recettes de M. Kennedy lorsque celui-ci, profitant de l'absence momentanée de son épouse, laquelle entendait préserver ses enfants des sunlights, fit venir dans son bureau ovale, mondialement connu car il s'y traitait des histoires de guerre ou de paix, son jeune fils, et, devant le photographe, pria l'enfant de jouer en liberté sous la table et sur les tapis, toutes images très familiales qui donnèrent une idée plus douce du pouvoir suprême, et tout à fait humaine; cela plut aux foules attendries. Sa Majesté opéra de même; elle poussa le Dauphin sur les écrans afin qu'il saluât son père aux yeux de chacun, provoquant ainsi une vague d'émotion plus efficace que la raison et les mots.

Notre Souverain cultiva dès lors, et pour lui-même, cette puérilité qui traduisait son envie hypertrophiée du pouvoir. Il était né vieux, et, n'ayant jamais été enfant dans son jeune âge, le devenait depuis le sacre par ses exigences, ses démarches, ses comédies, ses éblouissements qui n'étaient point tous des feintes. Sur le ton des élèves en récréation qui se vantent en affirmant que leur papa possède un plus beau vélo que ceux des autres, Sa Majesté souriait d'aise en disant : « Maintenant j'ai trois châteaux, trois, pas un de moins, d'abord ce palais dans la capitale, un joli pavillon dans le parc de Versailles, où le commodore Balladur, autrefois, avait fait enterrer son chien préféré, et puis une forteresse très massive et très noble au-dessus de la Méditerranée. » Il y avait de la gourmandise et du conte de fées dans ces phrases moulées dans le naïf, et sa personnalité se

gonflait en proportion. Ici, le contentement cô-
toyait de fort près le ridicule, qui accompagne cette
vantardise spéciale qu'on a coutume de nommer
« le culte du Moi ».

Quand un peuple vit sous anesthésie, reste une
tribu insolente par nature, celle de MM. les dessi-
nateurs de gazettes. MM. Cabu, Plantu ou Pétillon
exerçaient leur salutaire ironie, à l'instar de leur
ancêtre M. Bosc, lequel, dans les années soixante
de l'autre siècle, croquait la vanité. Un homme
faisait visiter son domaine à un ami et tentait de
l'éblouir : « Mon château, disait-il… Mon mou-
lin… Mon chien… Mon fermier… Mon blé…
Mon taureau… Ma femme… Mon garde… Ma
piscine… Mon gazon… » Et l'ami, se retournant
pantalon baissé, lui répondait : « Mon cul ! » Les
dessins outrés qui se moquaient de Notre Limpide
Souverain étaient fort heureusement noyés par une
profusion de portraits auxquels nul ne pouvait
échapper, et sans cesse renouvelés comme ceux du
monarque de la Corée du Nord. Le visage de
Notre Leader Adoré ne fourmillait pas que dans
les mairies et les palais nationaux, mais aux devantures des kiosques, en pleine rue, dans les vitrines,
aux premières pages des gazettes chaque jour ; sa
voix s'était emparée des ondes, et si c'était une
autre voix elle parlait encore de lui, comme aux
terrasses des cafés, comme dans les salons des gens

ou aux entractes des théâtres. Rien n'existait que comparé à lui. Ainsi que le Grand Frère de M. Orwell, qui s'insinuait dans les intimités, Sa Majesté s'invitait sur les écrans de tous les domiciles. Trente livres étaient annoncés à l'automne, qui allaient chanter sa gloire et cirer son image. Sa Grandeur nous surveillait, et, prétendant s'intéresser à tout, répondait à tout, sermonnait, expliquait, ordonnait, inspirait la voie, corrigeait, déclamait, plaisantait, séduisait, compatissait, rassurait, protégeait, éclairait, encourageait, hypnotisait, disait le juste et le droit.

Notre Merveilleuse Impératrice, par contact et retombées, s'auréolait d'une semblable renommée et tenait dans ce concert une place de choix à la droite du Seigneur Tout-Puissant et Tout-Savant, comme ces favoris soudainement rehaussés puisqu'ils approchaient Leurs Majestés de près et que leur éclat les allumait de plein fouet. Parmi ceux-là, la baronne d'Ati était l'objet de mille cajoleries. Il était vrai qu'elle collait aux talons de Leurs Majestés, vénérait l'Empereur et se flattait d'être un peu la sœur de l'Impératrice, qu'elle accompagnait dans toutes ses vacances et lors de tous ses enterrements, pour la soutenir et en être soutenue. Les faveurs pleuvaient sur la baronne, mais en faisant éclore des jalousies et des propos mauvais. Ses débuts dans un grand ministère où elle semblait flotter ne lui furent point un plaisir, plutôt une sorte de calvaire qu'elle supporta malgré tout en souffrante. Elle se perdit dans l'activité, s'efforçant de singer Notre Rapide Souverain qu'elle avait pris pour modèle absolu, aussi cueillait-elle chaque matin une nouvelle loi qu'elle annonçait avec fierté, en composa un bouquet.

Des lois dures et toujours répressives se suivaient avec frénésie. Pan! sur les récidivistes comme en Californie, pan! sur les dangereux à libérer au terme de leur peine, pan! sur les tribunaux qui fonctionnaient peu ou mal, pan! sur les mineurs des faubourgs qui étaient majeurs plus vite que les autres, pan! sur les policiers qui ne ramassaient pas assez de délinquants, pan! sur les parents trop indulgents, pan! sur les fous qu'on jetait à l'hôpital et pas en prison avec des normaux qui, d'ailleurs, devenaient fous. Et les victimes? disait la baronne après Sa Majesté. Elles exigeaient un procès, les victimes, même celui d'un fou, et que le fou vînt en bavant dans le box, que le juge le questionnât même s'il ne comprenait rien, ni ce qu'on lui demandait ni pourquoi il était là, puisqu'il était fou et qu'il avait oublié cette dactylo sciée en morceaux au bord d'un canal mal éclairé. Il y eut de mauvais esprits pour annoncer qu'on retournait au Moyen Age, quand on jugeait les animaux, que si vous vous faisiez pincer la fesse par un dindon, ce volatile serait jugé en urgence et condamné à être plumé, pour lui ôter de sa superbe, puis cuit tout vif au court-bouillon sur la place publique. D'autres esprits chagrins, plus méchants encore, disaient que pour appliquer ce chapelet de lois il fallait en avoir les moyens, d'abord financiers, humains ensuite.

De neuf heures à minuit dans son palais, d'où elle pouvait contempler le Napoléon doré qui coiffait la colonne Vendôme, la baronne d'Ati secouait son personnel, brisant sous elle nombre de fonctionnaires pourtant aguerris mais qui supportaient mal ses paroles injustement blessantes, son rythme exagéré, ses ordres mal convaincants lancés d'une voix rude, et ils se sentaient humiliés qu'on les traitât de la sorte. Certains quittèrent leur emploi de spécialistes en maugréant de sournoises gracieusetés : « La baronne ? Elle a une vision émotive de sa fonction qui ne produit que du larmoiement », ou « Elle n'a qu'une vue aérienne des dossiers, qu'elle ne consulte même pas », ou encore « Il n'y a que son image qui l'intéresse », et là, sur ce dernier point, elle rejoignait à la perfection Notre Visuelle Majesté. Recevait-elle des magistrats, pour dialoguer avec, disait-elle, c'était devant des caméras qui enregistraient sourires et embrassades. Une fois éteints les projecteurs elle ne parlait plus que d'elle, des critiques qu'on lui faisait, des attaques qu'elle subissait. La baronne aimait à ce point les victimes qu'elle se ressentait elle-même comme une victime.

Si la baronne d'Ati menait son ministère à la cravache, comme une écurie de courses, et enchaînait ses subordonnés à leurs bureaux jusqu'à des heures déraisonnables, afin qu'ils produisent à sa place des textes et encore des textes, elle n'oubliait pas de dîner avec les principaux maîtres des Assurances, de la Banque, de l'Aviation, de l'Armement ou de l'Industrie, toujours pour fignoler son image et prévoir son avancement, comme autrefois elle le fit, quand, magistrate pendant trois années seulement, elle refusait de déjeuner à la cantine du tribunal d'Evry, trop peu goûteuse, et se faisait livrer des repas mieux sapides par un traiteur. Déjà, à cet échelon, elle se souciait plus de ses soirées fort mondaines avec les notables qui lui feraient la courte échelle, que de ses audiences du lendemain. Elle appartenait dès ses premiers pas à la Droite caviar. En vérité, la baronne réalisait en petit ce que Notre Souverain Véloce réalisait en grand.

La Gauche n'étant point suffisamment siphonnée, Sa Majesté imagina de nouveaux procédés pour lui ôter encore de sa substance. Il était malséant de créer à foison des ministères sans objet réel, mais on pouvait y coller des secrétariats d'Etat pour s'occuper d'une flopée de sujets mineurs et honorifiques. Ce fut ainsi que Notre Astucieux Leader parvint à engluer une personnalité aussi étrange et indécise que l'abbé Bockel. Ce prélat tenait pour la Gauche la paroisse de Mulhouse, seul de son espèce dans un territoire acquis à la Droite solide, dévouée au patriotisme que chantait M. Déroulède. Au fond de lui, où nichait son âme blessée, le Révérend Bockel prenait des postures dignes de ce M. Paul Déroulède qui avait abreuvé nos aïeux d'une poésie mirlitonesque, paume aplatie sur le cœur. Au plus rude de la guerre de Quatorze, un révolutionnaire sans frontières soudain devenu cocardier, M. Gustave Hervé, se référa à celui-ci de sa voix tonitruante : «Déroulède! Déroulède! Le drapeau de Valmy flotte sur Mulhouse!» Mulhouse déjà. M. Hervé poussait alors les poilus au casse-pipe, depuis son bureau. Il avait dans sa jeunesse lancé des libelles contre les militaires, dans *Le Travailleur socialiste de l'Yonne* ou dans *La Guerre sociale*. En prenant de la bouteille, il réclama pendant la guerre suivante une république ultra-autoritaire, et rendit hommage au Maréchal Pétain quand les Allemands nous occupèrent.

Il n'y eut point de ces extrêmes chez le Révérend Bockel. Il se contenta de tromper ceux et celles qui l'avaient élu, en passant avec sa conscience flambée d'une Gauche ramollie à une Droite qu'il croyait tiède. Il osa même déclarer qu'il n'était pas une girouette, alors même qu'il tournait avec le vent nouveau qui avait déposé Sa Majesté sur le trône.

Toutefois, une poignée de jours avant qu'il fît défaut au camp qu'il avait servi trente ans, il avait posé son nom au bas d'un texte qui flagellait les premiers Transfuges, dont le comte d'Orsay, en soulignant que ces vendus couvraient de leur notoriété ou de leur savoir un projet impérial injuste. Le Révérend se ravisa comme l'avait fait plus tôt M. Besson, et parce que, comme celui-ci, on ne le considérait point assez chez les siens. Il prétendit n'avoir lu ce texte qu'en diagonale, il se repentait d'avoir pu égratigner Sa Majesté. L'abbé Bockel était ferré ; restait, d'un tour de moulinet, à le pêcher pour de bon. Le Révérend cherchait l'aura des martyrs, lui, le mal compris, le catholique rempli de ferveur qui frôla le séminaire, lui, le colonel de réserve, guindé, froid mais inquiet. Il se sentit tiraillé, il eut des sueurs nocturnes qui durèrent presque une semaine, relut Corneille pour résoudre son dilemme, puis, contre sa famille et ses amis, il accepta d'entrer joyeusement en sous-ministre dans le palais du comte d'Orsay. Traître ! Opportuniste ! Les insultes tombaient dru et le fouettaient en averse. Il répondait que ceux qui le critiquaient avaient un ton méprisant, quand il n'était lui que méprisable, qu'ils avaient un ton suffisant, quand lui n'était qu'insuffisant. Le Révérend relevait néanmoins le menton comme pour un salut au drapeau, et, même ainsi crucifié, il se disait toujours fidèle aux idées dont il s'éloignait.

Les Alsaciens du parti impérial étaient colère. Ils rejoignaient par là les anciens amis du Révérend. Notre Rusé Souverain prit même de son temps précieux pour les calmer, avec une certaine dureté, en allant à leur devant quand il les convoqua tous au Château. L'un de ces notables, déboussolé, demanda en tremblant :

— Va-t-il nous falloir applaudir ce chanoine que nous avons si longtemps combattu pour la plus grande gloire de Votre Majesté et de notre région ?

— Certainement, dit l'Empereur avec sécheresse.

— Enfin, Sire ! dit une furieuse qui se contenait mal. S'il se présente une nouvelle fois pour gouverner Mulhouse, je me présenterai comme auparavant pour le défaire !

— Au nom de qui ?

— En votre nom, Sire.

— Je serais peiné si vous deviez nous quitter.

— Votre Majesté m'exclurait donc sans autre procès du parti impérial ?

— Je ne goûte point les rebelles.

Notre Rugueux Souverain aimait la discipline

en dessous de lui, et que personne ne vînt déranger ses plans de conquête totale des esprits. L'abbé Bockel, parmi ces Transfuges si utiles qui provenaient du camp rival, contribuait par sa présence et son nom à affaiblir la Gauche entière, mais cela devait se pratiquer par petites touches, en continu, sans relâchement et sans grondements. Sa Majesté devait amoindrir ses ennemis, les empêcher de s'organiser à nouveau et de peser contre lui. Bientôt, les postes de secrétaires d'Etat n'y suffirent plus. Là aussi il fallait éviter la pléthore : ce serait se dévoiler que d'exagérer. Alors Sa Majesté songea à des commissions qui cloueraient les becs des mieux en vue dans les partis qui s'opposaient encore, quoique peu. Les commissions devaient mêler des gens d'horizons divers et même opposés, afin qu'ils discutassent et discutaillassent autour de thèmes généraux et imposés, puis composassent un rapport nourrissant qui, dans la plupart des cas, était destiné à la poubelle. Des commissions ainsi ordonnancées, il en existait à la Chambre depuis que la Chambre existait, et des parlementaires y disputaient ensemble, tous confondus ; Notre Avisé Souverain ne faisait que récupérer cette coutume pour son usage personnel.

Il était dorénavant question d'abîmer mine de rien les illustres de l'opposition que Sa Majesté n'avait pu débaucher entièrement. Missions ou commissions ronflantes, cela parut plus souple et moins compromettant; les proies attrapées clamaient qu'elles œuvraient pour le bien public en faisant le jeu du Prince, mouillées d'abondance puisque c'était là une manière feutrée de consacrer ce qu'on appelait partout *l'ouverture*, et qui ne concernait bien entendu jamais la piétaille déjà acquise au Prince, qu'il conduisait à la baguette et ne gratifiait d'aucune récompense.

Sans cesse à l'affût, Sa Majesté n'omettait aucun gros gibier. M. Rocard, ancien duc de Matignon, tomba dans l'embuscade et voici comment. Lorsque ce bouillant septuagénaire subit une opération du cerveau, trop engorgé, dans la lointaine Calcutta, Notre Leader Inspiré prit de ses nouvelles dès son réveil, et le malade, à l'hôpital, dit avec émotion aux gazettes que, si ses amis l'avaient oublié, l'Empereur, dans son intense bonté, s'était enquis de sa branlante santé. Cela valut à l'ancien duc de Matignon une place d'honneur dans une commission où l'on s'entretenait de l'Education. Il faut ajouter que Notre Prince remerciait de la sorte un ancien Premier ministre qui avait installé une piscine et un tennis à la Lanterne, cette demeure où l'Impératrice se plaisait tant et qu'elle avait chipée au duc de Sablé.

Un chambellan du roi Mitterrand, M. Attali, tomba à son tour dans l'escarcelle du Chasseur Sublime. Ils s'appréciaient depuis des lustres quoique d'avis contraires sur presque tout. En effet, c'était M. Attali qui avait fait visiter naguère le Château à Sa Majesté, en secret du roi Mitterrand, et Sa Majesté en avait parcouru les pièces dorées comme si elle suivait un agent immobilier qui lui présentait sa future maison. Pour être gros gibier, les nouvelles proies de Notre Souverain ne figuraient point en Transfuges, par nature solidaires des mesures décidées au Château, mais elles passèrent à la postérité sous une autre dénomination plus douce, celle de Cautions. La plus flamboyante de ces Cautions fut M. Lang, duc de Blois où il célébra François Ier, puis duc de Boulogne dont il célébra les sardines. Lui-même rejeta l'idée de devenir un otage ou un alibi, et quand il rejoignit la commission chargée de modifier la Constitution de l'Empire, parce qu'il y avait longtemps une thèse signée de sa main avait traité du droit international de la mer, et qu'il passait pour un juriste émérite sur tous les terrains, il s'emporta contre ceux de son bord qui le sifflèrent : « Eh quoi ! dit-il, je suis libre. Ceux qui me jugent manquent singulièrement de dignité et de lucidité ! » En poussant sa chaise contre le fauteuil du commodore Balladur, président de cette commission qui devait toiletter la vieille Constitution, pour l'adapter aux mesures de Notre Moderne Souverain, le duc de

Boulogne se sentait digne et lucide, car, lorsqu'il était jeune homme, à Nancy, n'avait-il point interprété le *Caligula* de M. Camus ? A la scène 3 de l'acte III, n'avait-il pas averti ? Il avait récité une réplique qui devint sa maxime : « L'erreur de tous les hommes, c'est de ne pas croire assez au théâtre. » Le duc restait fidèle à cet idéal.

Il venait de Mirecourt, une bourgade qui devait son nom à Mercure, fils de Jupiter, dieu de l'éloquence, du commerce et des voleurs. C'était aussi le nom de la petite planète la plus rapprochée du soleil, comme notre duc quand il devint le surintendant du roi Mitterrand, et gravita autour de son orbite en fusée d'artifice. Mirecourt, c'était encore la cité des dentelles et de la passementerie, fort indiquée pour qui fut le Grand Elégant, tout mousseux de lin rose, et celle des instruments d'orchestre, le prédisposant à lancer la Fête de la Musique qui gagna les autres cours d'Europe, et à jouer lui-même du luth pour enchanter les princes, un instrument à long manche et aux cordes pincées qui n'était pas sans évoquer sa silhouette fine. Et lui, le bien-aimé des saltimbanques et des libraires, lui, l'âge venant, il devait se redorer car il ne pesait plus guère dans une Gauche démantibulée. Caution exemplaire, le duc de Boulogne en faisait à son ordinaire un peu trop, jusqu'à se porter préjudice chez les siens ; il expliquait agir pour l'intérêt général en s'acharnant à renforcer le pouvoir déjà bien étendu de Notre Leader Œcuménique qui avait, selon ses dires et sa nouvelle foi, « réalisé un travail d'ouverture sans précédent ».

Le principe des commissions impériales avait-il été soufflé par le cardinal de Guéant ou par le chevalier de Guaino? Quoi qu'il en fût elles étaient diaboliques. A côté des notoriétés à éteindre ou à tenir en laisse, ces groupes provisoires à la solde du Prince neutralisaient les vraies commissions de la Chambre et celles des ministères, qu'elles vidaient de leur importance pour ramasser projets, réflexions et décisions dans les officines du Château. Notre Gracieux Leader eut cependant connaissance d'un léger mouvement d'humeur; il entendit çà et là bruire ses troupes : elles goûtaient mal l'intrusion dans les affaires des ennemis de la veille au détriment des grognards, et n'en démordaient point. Cela durait trop. Il n'y avait d'autre président à la tête du parti que Sa Majesté, d'autre Premier ministre que Sa Majesté pour conduire un gouvernement voulu fantoche. M. le Cardinal dut rabrouer les turbulents : « L'Empereur veut être obéi, dit Son Eminence, et obéi sans broncher! » Ce grand mot fut un coup de foudre qui atterra députés et ministres de la façon la plus marquée. Tous baissèrent la tête, et la plupart furent longtemps sans la relever. Personne ne semblait voir ce manège dans le peuple : l'encens montait enfumer les narines de Notre Artificieux Souverain.

Au-dehors du pays, point de volutes parfumées ni de cantiques ni de génuflexions. Mécréants et moqueurs, les étrangers déçus de ne pas posséder un tel maître se répandaient dans leurs feuilles en fausses indignations ou moqueries sur quoi Sa Majesté, hélas, n'avait aucune prise. Ah! cruauté des sarcasmes! Ah! comme elle était affreuse, la lecture de ces pamphlets. Comme il était insolent, ce plumitif de Lisbonne qu'on ne pouvait bâillonner, et qui prétendait que Sa Majesté avait fait de la trahison un système, parce que lui-même avait trahi dix ans plus tôt le roi Chirac, et qu'on avait longtemps représenté ce dernier avec un stylet planté dans le dos. Le misérable Portugais allait plus loin, expliquant à son public gloussant que la trahison, en France, se nommait maintenant ouverture. Un autre impertinent, de Munich, avançait que Notre Leader promulguait des lois qui existaient déjà mais n'étaient pas appliquées, qu'il maniait les émotions de son peuple et le dirigeait à l'esbroufe. Un autre Allemand, de Francfort cette fois, montrait son agacement pour ce qu'il appelait le populisme de Notre Maître. A Madrid, un malséant écrivait que Notre Délicat Souverain traitait les immigrés comme bestiaux à la foire. Le *Financial Times* de Londres, pourtant réputé sérieux, indiquait qu'il était incapable de déléguer et amoindrissait ses ministres, qui n'étaient plus crédibles aux yeux du monde. Et cette infecte litanie continuait jusqu'à Lausanne où l'on notait que Notre Prince s'emparait de tous les problèmes pour n'en résoudre aucun.

Elles étaient faciles à contrer, ces médisances qui ne tenaient aucun compte de la sensibilité magnanime du Père de Notre Peuple. Attaques factices, mauvaise foi, rancœur, voilà qu'à l'extérieur on tentait de noircir l'action modèle du Souverain Choisi. C'était le méconnaître que de le peindre ramolli devant les tragédies quotidiennes qui terrassaient ses sujets. Plus souvent on le voyait maîtriser l'émotion, ainsi qu'il sied à un chef complet. S'il avait reçu au Château, parmi tant d'autres plaignants, comme Saint Louis sous son arbre du bois de Vincennes, le père affligé d'un jeune fils dont avait vilainement abusé un dangereux, chargé de vices, il ne se rendit point au chevet du jeune Ivan que des médecins tentaient de réparer dans un hôpital d'Amiens. Il y avait le juste et l'injuste. Sa Majesté en faisait la part. Si le père en larmes avait des papiers en règle, et les montra aux gardiens du Château, le jeune Ivan n'en avait pas.

Sur le sort des clandestins, quels qu'ils fussent, Sa Majesté gardait l'œil sec. Ceux-ci, ailleurs accoutumés à la servitude de longue main, affamés de grâces mais n'étant gens de rien, ne savaient pas ce que c'était que l'Etat. Ils tournaient le mensonge en nature avec un air simple, souvent honteux. Notre Fortifiant Leader en organisa la chasse, envoyant jusqu'aux portes des écoles ses escadrons de sergents, débusquant les malfaiteurs dans les logis où ils se terraient et que des voisins fort civiques dénonçaient. Reprenons dans cet esprit le cas du jeune Ivan, que Notre Majesté négligea à dessein, nous comprendrons à quel point son attitude sonna juste, comment l'Empereur en sortit plus noble, plus propre, plus blanc.

Ce fut un jeudi, à Amiens, dans le quartier des Pigeonniers. A l'aube à peine pointée, des coups sur la porte et le fracas d'une perceuse contre la serrure effrayèrent le garçon de douze ans, alors, pour s'échapper, il enjamba la fenêtre, sauta du quatrième étage et se cassa la tête en contrebas sur le bitume d'un parking ; mais ses parents furent capturés. D'où venaient ces misérables ? Le père se disait ukrainien et la mère tchétchène, ils avaient fui la ville de Grozny quand les chars du tzar Vladimir, un récent ami de Sa Majesté, effondraient les maisons avec méthode et en écrabouillaient les habitants. Las ! Le Préfet impérial leur refusa l'asile : on ne saurait se présenter en réfugié politique alors que les Russes étaient devenus des gens fréquentables que nous fréquentions, même s'il y eut des petites brouilles. Au lieu de rentrer paisiblement dans leur ville défaite, ces clandestins végétaient, se cachaient et vivaient dans la peur. La peur ? Oui et tant mieux. Si Sa Majesté consolait des illégaux, cela donnerait un déplorable exemple aux innombrables qui se bousculaient pour nous envahir. Cette admirable fermeté restait l'une des plus belles caractéristiques de Notre Fier Souverain. Au reste il chiffra les indésirables qu'il fallait expulser avec force horions, et les Préfets qui n'atteignaient pas leur contingent furent gourmandés, même si dans certaines contrées, comme la Creuse ou le Morbihan, il n'y avait point de ces apatrides farouches.

A côté des étrangers de l'étranger, Sa Majesté avait eu connaissance de ceux de l'intérieur qu'on parquait depuis fort longtemps en bordure des grandes cités, à la manière des Cheyennes dans les camps fermés du Nevada ou de l'Arkansas dont Hollywood avait filmé les mœurs atroces. Notre Leader, si brave qu'il fût, ne s'était point rendu en personne dans ces zones menaçantes mais il avait lu bien des rapports de ses espions. Ces individus, presque tous en adolescence, s'abritaient derrière un langage à eux et vivaient en tribus hostiles. Ils avaient de curieuses distractions, comme le lancer de pierres contre les pompiers, les médecins et la maréchaussée en patrouille. Ils aimaient par jeu brûler des autos et des poubelles de détritus qui répandaient en fumant une odeur de pestilence fort incommodante. Ils excellaient en basses intrigues et trafics illicites, ils en vivaient car dans les banques et dans les industries on ne voulait point de leurs services. Méchants et ingrats, experts en grandes noirceurs, effrontés à faire peur étant pris sur le fait, désirant tout, enviant tout et voulant toutes les dépouilles, toujours emportés, ils méprisaient publiquement Notre Compatissant Leader et l'Etat, le monde sans exception et les affaires, pour les sacrifier à leurs vengeances quand ils déboulaient, en bandes armés de rasoirs et de pistolets à grenaille, piller les hypermarchés et se servir sans payer dans leurs vitrines brisées. Tels furent ces sauvages à nos portes, que Sa Majesté désigna du nom infamant de racaille.

Ce mot de racaille qu'affectionnait Notre Prince, et qui devait longtemps rester dans sa bouche comme le sien propre, signifiait « ensemble de fripouilles » pendant notre Moyen Age. Eh bien, disait-il avec grande fermeté, eh bien contre ceux-ci il fallait d'abord sévir et non point causer. Les travaux forcés, par malheur, n'existant plus, il souhaitait qu'on cantonnât la fripouille dans les réserves indigènes au-dehors des villes honnêtes; là ils pouvaient dégrader à loisir leurs murs, plumer leurs jardinets, saccager les signes les plus éminents de notre savoir commun, dont ils n'avaient aucun souci, c'est-à-dire les écoles et les bibliothèques, s'agiter tant qu'ils voulaient mais à nos marges. Malgré leurs patronymes exotiques et leur semblance africaine ils possédaient des papiers d'identité authentiques; on ne pouvait les renvoyer chez eux puisqu'ils y étaient, et, en dehors de leur argot, ne savaient aucune des langues de ces pays d'où leurs ancêtres étaient venus.

Quand la Gauche n'avait pas encore été émiettée par la malice impériale, et qu'elle gouvernait, elle avait montré une indulgence coupable vis-à-vis de cette jeunesse réprouvée. Angélique, elle s'était écriée, cette Gauche non encore à Droite : « Ces jeunes ont leurs raisons. » Quoi! s'enflammait Sa Majesté, des raisons de brûler, de tabasser, de voler et de tuer? Alors l'Empereur prit des mesures. Il était temps. Il ferma tout aussitôt ces antennes policières implantées dans les quartiers les plus sulfureux, reprit en main les sergents qui, trop souvent, avaient joué au ballon avec cette jeunesse perdue, pour l'amadouer, l'assagir et l'élever, rappelant que la police était là pour interpeller, courser, taper sur le crâne et fourrer en cellule. Et puis Sa Majesté avait besoin de toutes ses forces policières dans une besogne qui lui tenait mieux à cœur, la traque des illégaux qu'elle espérait renvoyer aux enfers d'où ils débarquaient.

Tant que les tribus nocives demeuraient à l'écart des villes, Sa Majesté les considérait à la lorgnette, de loin, comme si elle assistait à une représentation de *West Side Story* jouée en vrai, avec les Portoricains et les petits-Blancs qui s'affrontaient en matamores dans le Bronx, et se perçaient au couteau. Ce fut bien différent lorsque les gangs portèrent leurs combats au cœur de Paris. On les vit place Pigalle, donnant une piètre image de nous aux touristes d'Osaka, de Shanghai ou de Houston qui venaient se divertir dans les plumes d'autruche du Moulin-Rouge. Ils portaient des casquettes ou des capuches, des pantalons flasques comme ceux des clowns, mais des armes négociées au marché aux Puces de Saint-Ouen. Ces hordes avaient des noms et des territoires, les Casseurs de Bouche du Chesnay, la Bande de la Gare du Nord arrivée de l'Est parisien, Def'Mafia de l'Ouest. Il y eut même des coups de feu, une galopade dans nos rues. Cela confirmait Sa Majesté dans son désir de sévérité à outrance, sans jamais chercher les causes pour s'y attaquer, mais punissant les effets de façon éclatante. D'aucuns pensèrent à ce moment que la pensée régnante était une pensée courte, mais ils n'osèrent le dire, et même, pour complaire à Notre Prince, ils répétèrent après lui comme en écho : « Salauds de pauvres ! »

Chapitre V

Eloge du résultat. — Artistes mais rentables.
— La parabole des petits pois. — Un vent de
fronde. — Gènes en uniforme. — Les moulins à
prières du comte d'Orsay. — Distribution des
prix. — « Je veux ! » — L'art subtil de la poudre
aux yeux. — Maigreur des porte-monnaie.

Notre Leader Adulé avait
usurpé un droit de tout dire et de tout faire sans
que qui que ce fût osât trop s'en fâcher. Il édicta
des règles pour qu'on se conduisît selon sa volonté,
aussi continuait-il à occuper les esprits en récla-
mant des résultats foudroyants à ses collabora-
teurs, pour les afficher, avant même la mise en
œuvre des projets annoncés. Bref, il fallait vaincre
avant la bataille et le faire savoir au peuple,
d'ordinaire assez crédule. Dans tous les domaines,
tant publics que privés, Notre Irréprochable Souverain ne comprenait que l'utile, et les chiffres
avant les mots, fussent-ils déformés mais dans le
bon sens. Il ne savait rester devant une toile de

M. Cézanne qui figurait des pommes, car il ne voyait pas la nécessité de ces fruits qu'on ne pouvait croquer. Il ne savait rester assis pour suivre du début à la fin *Le Déjeuner sur l'herbe* de M. Jean Renoir, car, quitte à déjeuner sur l'herbe, autant que ce fût avec Johnny Walker Bush, le tzar Vladimir ou l'émir du Qatar avec qui il était en affaires. A un concert de M. Mozart, où il n'y avait d'autre enjeu que la musique, il préférait un match de ballon parce qu'il y avait des points à marquer, un vainqueur à couronner, un perdant à écharper.

Notre Grand Leader posait un regard uniforme sur tout, et l'idée qu'il en tirait n'était régie que par la pure efficacité. L'école ? Elle devait fournir des contribuables pour éponger la dette nationale ; elle devait former, voire formater, des apprentis, des ouvriers, des employés, des boutiquiers, des ingénieurs. Il l'avait annoncé avant même son règne et très haut : « On a bien le droit de faire lettres anciennes, mais l'Etat ne va pas pouvoir payer longtemps pour des gens qui veulent cultiver leur esprit. » Cela inversait le sens habituel des études depuis l'Antiquité : qui apprenait la sagesse chez Sénèque ou Platon se rangeait du côté des improductifs et des assistés, et ne servait en rien quand nous avions besoin de travailleurs durs à la tâche, peu regardants au salaire, dociles, polis, qui n'avaient point à réfléchir sur les étoiles puisque Sa Majesté pensait à leur place, ce qui permettait à la fois de gagner du temps et de l'argent. Qui n'était point rentable devait périr ; cela valait aussi pour les Universités dont Notre Maître entendait couper les branches mortes, ces matières sans issues concrètes et immédiates, et qu'elles devinssent privées, à la main des entreprises qui y puiseraient leur futur personnel. Ainsi y aurait-il une compétition entre les établissements, des diplômes plus ou moins valides et plus ou moins chers, parce que si l'étudiant paie des études longues de sa poche, il s'efforce mieux de réussir ; cantonnés aux études courtes, les démunis n'engorgeraient plus les amphithéâtres.

Après avoir aidé par un gros cadeau impérial et fiscal les mieux favorisés, Notre Paternel Leader cherchait le moyen de remplir ses caisses, vidées de nombreux milliards. Il voyait la Culture comme un gâchis, puisque le théâtre, la danse, l'opéra et autres fariboles artistiques suscitaient chez lui des envies de course à pied, donc il donna ses instructions pour réduire les aides et les subventions à ces gens-là, qui vivaient aux crochets d'un Etat bonasse. Aussi dans ce domaine, l'Empereur exigeait des résultats, décidant que la demande supplantât l'offre, que la création répondît aux attentes du public. Si on lui rétorquait qu'il y avait eu bien des pièces, bien des livres, bien des films qui, à leur sortie, avaient été fraîchement reçus ou même sifflés, avant de devenir des classiques, que MM. La Fontaine et Molière eux-mêmes avaient été subventionnés par Louis XIV, Sa Majesté repondait se moquer bien des largesses de Louis XIV, que son ami M. Clavier plaisait aux masses sans que l'Etat le payât de surcroît, que ni M. Macias ni Mme Line Renaud n'avaient besoin qu'on puisât pour leurs spectacles dans le Trésor public. C'était imparable. Il n'y avait désormais plus que des produits à vendre, et même les œuvres d'art de nos musées pourraient être vendues si cela rapportait. Les subsides de l'Etat allaient être distribués en fonction de la fréquentation des salles de cinéma et de théâtre, et tout le reste dépendrait étroitement du box-office qui, lui, ne se discutait pas.

En ce premier automne du règne, et pour la première fois depuis près d'un siècle, il n'y eut point de rentrée littéraire, cette particularité que nous enviaient et dont s'étonnaient les étrangers de partout dans le monde, quand chacun débattait sur la valeur des romans nouveaux au moment de leur récolte annuelle de plus en plus abondante. A elle seule, Sa Majesté recouvrait tout de son ombre. On ne voyait fleurir que la politique aux devantures, des opuscules, des libelles, des mémoires, des révélations, des rumeurs, des louanges sur le couple impérial, en concurrence avec les gazettes qui, pour accroître leurs ventes, n'avaient qu'à publier les visages de Notre Souverain ou de l'Impératrice, même si elle ne souriait que contrainte, avec toujours ce regard pâle et flou. Un sirocco d'inculture soufflait au-dessus de nous, et sans doute annonçait des jours brûlants.

Dès que Sa Majesté inventait une nouvelle image pour se faire entendre du peuple, on la répétait, on l'analysait, on en faisait évangile. Un jour, devant ses troupes réunies qu'il voulait fort reprendre en main, Notre Leader Inspiré prononça ce qu'on nomma plus tard « La parabole des petits pois ». Il compara ses fidèles à ces légumes ronds, verts, petits, de même saveur, pressés en boîte et qui ressemblaient les uns aux autres à l'identique. Disant cela, il prêchait la diversité et défendait son choix des Transfuges, qu'il présentait comme différents puisque débauchés de leurs partis. Il reprit la parabole à propos des fonctionnaires de la Justice et des hauts magistrats qu'il avait vus en parterre lors de l'intronisation dans son ministère de la baronne d'Ati, même tenue d'apparat ou même costume sombre, même cravate, même ventre, même couperose, même coiffure nette, même contenance, même mine compassée, rangés en petits pois tandis que la baronne détonnait par son âge, sa vêture, son parler et ses dents blanches. Si on inversait la parabole, on s'éloignait d'un éloge de la diversité pour obtenir un éloge de l'ordre, car la révolte n'avait jamais été l'apanage du petit pois, lequel n'est rien tout seul mais encaserné, or Sa Majesté chantait la discipline, ce qui sembla paradoxal après l'énoncé et l'explication par elle-même de sa parabole.

Résultats! Résultats! ce cri de guerre ne se concevait qu'avec des sujets obéissants et assouplis. Naguère, lorsqu'il commandait la Police avant son avènement, Notre Leader poussait déjà ce cri qu'il voulait appliquer à lui; alors, pour le semblant, il ferma avec autorité des hangars entourés de barbelés, au bord de la Manche, où se tassaient des clandestins qui rêvaient aux côtes anglaises où ils pensaient retrouver des leurs et travailler, car cette légende se diffusait chez les malheureux. Une fois fermé, le camp n'exista plus. Résultats! Résultats! Sa Majesté en fut radieuse, mais sans mesurer le moins du monde les conséquences de son action. Si elle était experte en tactique, Sa Majesté ne l'était point en stratégie, autrement dit elle réussissait dans le court terme sans jamais imaginer le long terme. Aujourd'hui les clandestins arrivaient toujours avec le même flux au bord de la Manche, et ils rêvaient pareillement à l'Angleterre espérée, mais ils s'éparpillaient sur la côte entre Calais et Cherbourg dans des campements en cartons et bidons, moins contrôlables, encore plus clandestins qu'auparavant, par petits groupes, malades non soignés, voleurs de poules, menaçants, sauvages. Ils prenaient d'assaut les camions qui emportaient leur cargaison chez les Anglais, brisaient leurs portes, essayaient de s'y glisser. Les douaniers les chassaient comme des lapins, la nuit, à la lampe, et des routiers leur tiraient dessus au fusil. La solution promise n'en était pas une, et quand on les attrapait, que faire de ces vagabonds qui parlaient des langues bizarres ? Irakiens, Kurdes, on ne pouvait les renvoyer dans leurs pays en guerre car la loi s'y opposait, comme la loi interdisait qu'on reconduisît chez eux des Bulgares ou des Roumains devenus européens comme nous.

Résultats ! Sa Majesté persévérait néanmoins et continuait à sévir. Résultats ! Les services de Notre Impitoyable Leader mirent au point une méthode dans un département surchargé de voyous : au retour de chaque mission, les policiers devaient remplir des sortes de fiches scolaires qui leur permettaient de toucher des primes, comme il y avait deux siècles au Far West ; il avait établi un barème selon les interventions, aussi laissait-on en paix les chauffards qui ne rapportaient qu'un point, pour se concentrer sur les clandestins qui en rapportaient quatre, et qu'on décelait en les regardant pourvu qu'ils aient un air tunisien ou malien. Un jeune malfrat surpris en train de mettre le feu à une poubelle ou de dégrader un abribus, il ne fallait le manquer à aucun prix puisqu'il valait d'un seul coup vingt points.

Enfin la certitude, et la plus grande, et la plus pleine opinion de soi mettaient la dernière main à la perfection de ce trop véritable tableau peint à grands traits par Sa Majesté. Ses fortifiantes mesures permirent aux étrangers de vivre chez nous dans la peur, comme s'ils étaient restés chez eux, méfiants au moindre bruit dans l'escalier, au moindre regard malintentionné, à la moindre parole mal traduite. Ce fut de terreur qu'une Chinoise s'élança de sa fenêtre, traversa le store d'une boutique et mourut sur le pavé quand elle n'avait que son identité à se reprocher. Si les cadres en mission des firmes internationales ne subissaient point, par leur statut, ces frayeurs usantes et permanentes, ils connaissaient toutefois les tracasseries, l'agacement, un vif besoin de s'en aller. Voyez l'exemple de ce cadre japonais en mission. Il s'installa dans une succursale de son entreprise à Paris, croyant n'avoir qu'à travailler, mais non, il devait faire viser son titre de long séjour tous les trois mois et s'exprimer dans un français sans défaut ; du jour au lendemain il pouvait être déplacé en Australie ou en Argentine, aussi n'avait-il eu le temps de savoir notre langue, par ailleurs complexe pour lui, alors il subissait, baissait le nez, se savait soupçonné mais de quoi ? Résultats ! Résultats ! Un mouvement de résultats inverses commença à se définir et à se deviner : combien d'investisseurs, combien de firmes mondiales, pour éviter les pinailleries inventées comme dissuasion envers des Pakistanais en haillons ou des Sénégalais d'en bas, allaient bientôt se poser sur une terre voisine et mieux accueillante comme la Belgique ?

Pendant ce temps, les petits pois du parti impérial montraient une humeur maussade, un manque d'entrain ; tragiques, penauds, réduits, ils se mirent à fronder contre les supposés talents que Sa Majesté accordait aux Transfuges et aux Cautions, lesquels ne se privaient point d'étaler au jour leur faible différence avec les couplets majoritaires ; ils livraient des opinions, ils parlaient parfois en légère discordance avec le gouvernement où ils étaient enchaînés. Fillon, duc de Sablé, tenta de cajoler les rétifs de son camp en redisant que pour changer la société il fallait chercher un par un ceux qui souhaitaient y aider. Il monta à la tribune, mèche en bagarre : « Ne vous inquiétez pas ! On va vous montrer avec nos résultats que Sa Majesté avait raison d'opérer ainsi. » Cette maxime excellente mais qu'il outrait, puisque les fameux résultats n'étaient pour l'heure que verbaux, tomba dans un silence. Ne sachant convaincre, le duc, né pour l'ennui qu'il communiquait aux autres, se risqua à l'humour : « Si la Gauche n'aime pas l'ouverture, ça veut dire que vous avez, vous, toutes les raisons de l'apprécier ! » Il fit un four.

Quand ce fut au comte Copé de galvaniser les petits pois, il crut les distraire finement en invitant sur l'estrade un sien ami, chansonnier en charge de dérider les plus grognons. Las ! Le but visé ne fut point atteint, car le chansonnier se comporta comme sur la scène du théâtre des Deux-Anes, et il osa se moquer de l'allure du Souverain qu'il présenta remonté sur pile électrique ; pire, il plaisanta sur la taille de Notre Monarque, racontant que ses parents, s'ils avaient préparé le moule, avaient oublié d'y mettre la levure. Le chansonnier fut le seul à s'esclaffer car cela parut d'un mauvais goût affirmé et quelques-uns se levèrent pour fuir avec bruit hors de la salle, épouvantés par l'offense.

Notre Bouillant Leader en fut courroucé.

Après avoir qualifié cette réunion des siens de merdique (c'était son terme), il allait devoir intervenir en personne et rappeler à tous qu'ils n'étaient rien sans lui, que sans lui ils n'auraient point de place et point de fief. Sa Majesté convoqua au Château les plus gradés pour leur tirer l'oreille. « Laissez le sectarisme aux autres ! » dit-il en évoquant les reliefs de la Gauche, où l'on se cherchait vainement un chef et qui demeurait aphone. L'op-position à la pensée régnante, quoique à l'état d'embryon, naquit ainsi dans les rangs du parti impérial; le nombre des mécontents se gonfla mais sans unité réelle. Il y avait parmi ceux-ci les an-ciens fidèles du roi Chirac, qui côtoyaient des spécialistes de la finance inquiets de nos dettes, et la masse des simples sujets qui redoutaient une austérité à venir. Que répondait Sa Majesté? On imaginerait des lois pour les ajouter aux dix mille déjà existantes, et dont peu étaient appliquées, oubliées ou vétustes.

Une affaire éclata à ce moment, faisant beau-coup glapir et partout, que l'on nomma dans l'His-toire « Le complot des gènes policiers ». Voici le détail, les intentions et ce qui en découla.

Nul ne pouvait ignorer que la génétique, au moins ses applications, retenait l'attention de Notre Savant Leader depuis qu'il s'était persuadé d'avoir un destin glorieux auquel il ne pourrait échapper. Imaginons. Un jour, dans son apparte-ment, il surprit l'écureuil domestique du Dauphin Louis qui grattait le parquet ciré, comme pour y creuser un trou. Etonné de ce comportement et du peu d'intérêt qu'il pouvait y avoir à griffer du bois, il fit mander le chevalier de Guaino, lequel pensait à sa place et lui servait des idées toutes chaudes, et il lui dit :

— Monsieur, voyez cet animal. Que fait-il?

— Mais il creuse, Sire.

— Il n'y arrivera pas, il est nul, cet animal!

— Sans doute, Sire, mais tous les écureuils font ainsi, pour enfouir dans la terre leurs provisions de noisettes.

— Il n'a pas de noisettes.

— Ah! Sire... C'est inné chez les écureuils.

— Tiens, tiens. Il ferait par instinct les mêmes gestes que ses parents et les parents de ses parents?

— C'est cela, Sire.

— Et quand le Dauphin lui fait servir une écuelle de soupe en poudre?

— S'il la mange, c'est l'acquis.

— C'est ce qu'on a acquéri?

— Exactement, Sire, ce qui n'est pas inné est acquis, et ce qui n'est pas acquis est inné.

— J'ai tout compris, chevalier. Comme cette pensée est simple et pratique!

Pour Sa Majesté, dès cette révélation, la science génétique eut réponse à tout. Pleine de ces espérances, elle fut enflammée à l'idée que dans le noyau de nos cellules dormait une sorte de mémoire, un code-barre, un espion infiltré qui livrait mille confidences. Avec un peu de salive, un poil de barbe ou une crotte de nez on pouvait tout apprendre d'un individu, de sa famille, de ses maux, de ses dispositions au Bien ou au Mal.

126

Notre Exaltant Leader s'en était aperçu à l'occasion d'un événement considérable qui advint au Prince Jean, l'un de ses grands fils blonds. C'était à l'époque, proche encore, où Nicolas Ier régnait sur la Police. Le Prince Jean, donc, se fit voler son scooter. Tout fut mis en œuvre pour retrouver le deux-roues, des brigades lancées aux trousses des criminels qui, bientôt arrêtés, furent confondus malgré leurs dénégations par un test génétique qui leur cloua le bec, et ils furent condamnés là-dessus.

On pouvait faire avouer les gènes plus facilement que les gens, ils ne savaient pas mentir et il n'y avait nul besoin de les brusquer ou de les gifler pour qu'ils parlassent. Dans un entretien qu'il accepta de donner à un philosophe professionnel qui lui cherchait en vérité des noises, Notre Leader Suprême annonça comme une évidence son engouement pour les gènes. Il dit : « Moi, je pense qu'on naît pédophile. Et les jeunes qui se suicident ? Ce n'est pas parce que leurs parents les ont délaissés, non, pas du tout, mais parce qu'ils ont génétiquement une fragilité. »

Tout devenait clair et matière à rêver.

Comme Sa Majesté était convaincue de la réalité d'un gène de la pédophilie, de l'homosexualité ou du suicide, il était loisible de prolonger cette certitude par des travaux pratiques, et d'en tirer leçon et profit. Imaginons... Avant même de marcher à quatre pattes, avant même de parler en bredouillis, si un bambin piquait une crise dans sa poussette, cramoisi comme un rosbif, poings serrés, hurlant, il suffisait de recueillir sur un carré de taffetas quelques larmes, puis de les confier au laboratoire, et, au lieu de se ronger les sangs en se demandant ce qu'allait devenir cet enfant chargé de nervosités, on allait savoir plus sûrement qu'avec un horoscope. Albert avait-il recraché son biberon ? Naïfs, qui croyaient simplement qu'il n'avait plus faim ! Des parents instruits de la génétique, comme ceux du très jeune Albert, confièrent l'un de ses crachats aux scientifiques ad hoc : prenant connaissance des résultats ils coururent au commissariat pour dénoncer le petit monstre. En effet, les tests étaient formels. Le jeune Albert, huit mois, portait dans ses gènes un destin de tueur en série ; puisque la science devenait d'une confondante précision, elle pouvait dire qu'à dix-neuf ans, chômeur, Albert allait étrangler une shampouineuse, qu'il abandonnerait son corps sous une broussaille de la forêt de Meudon ; devaient suivre douze autres assassinats de manucures et de coiffeuses qu'on retrouverait dépecées et le crâne rasé.

Grâce aux tests on pouvait prévenir.

Nous allions bientôt être en mesure d'arrêter

les délinquants dans leurs couffins et de les enfermer à vie pour les empêcher de nuire à la société. Cet époustouflant progrès de la science ouvrait des perspectives. Notre Majuscule Leader pourrait plus facilement trier parmi les immigrés qui se bousculaient à nos portes, puisque leurs gènes serviraient de parfaits auxiliaires des douanes, et un test, un seul, décèlerait sans faillir les talents ; nous saurions illico si nous en avions besoin. Il n'est que de prendre le cas d'un Mauritanien célibataire. Il vient, sans faiblir, de passer l'obligatoire épreuve de français en récitant une tirade du *Pompée* de M. Pierre Corneille (1606-1684) :

D'un des pans de sa robe il couvre son visage,
A son mauvais destin en aveugle obéit,
Et dédaigne de voir le ciel qui le trahit…

Reçu malgré son accent encore défectueux, notre candidat à l'installation présente alors ses gènes comme autrefois on présentait son passeport. Ah ! le chanceux. Contre toute attente il avait le gène dit napolitain, celui qui vous pousse inévitablement à réussir les pizzas quatre-saisons et regina. Il est admis parce que nous manquons d'employés dans la restauration.

L'idée que les gènes pussent devenir de très

utiles mouchards fit son chemin, jusque dans le cerveau reptilien de Mariani, comte du Vaucluse et représentant à la Chambre du parti impérial. A propos de la nouvelle loi qui allait encadrer les étrangers désireux de nous envahir, il ajouta un article de son cru. Les immigrés reçus à leur examen de passage, disait-il, et qui habitaient chez nous comme ils le pouvaient, étaient-ils tous des célibataires? Combien d'entre eux essayaient-ils de regrouper une famille autour d'eux? de faire venir comme autant de parasites leurs soixante enfants, leurs dix épouses, les cousins, les frères et les sœurs, les oncles, les parents, les aïeux, les amis, les relations douteuses aux papiers falsifiés? Fort peu, en réalité, et jamais dans ces terrifiantes proportions. Le comte du Vaucluse n'avait point consulté les statistiques, qui l'auraient ridiculisé, mais il attisait des peurs pour se faire briller dans un rôle de protecteur, lui, élu du peuple, qui entendait garantir ses ouailles d'un massif débarquement d'étrangers. Doutant de l'humanité dans son ensemble, pressentant l'abus, M. du Vaucluse proposait d'y remédier en imposant les fameux tests pour vérifier que les enfants que nous allions recevoir étaient bien ceux de leurs parents, et non point marmots de location ou vils fraudeurs. Cette proposition recouvrit l'ensemble des autres qui formaient la loi en discussion; on ne parla que d'elle.

Ce fut un tollé venu de tous bords.

Evêques, francs-maçons, historiens, derniers résistants de la Gauche étripée, pasteurs et rabbins, savants, médecins, syndicalistes, membres de cent associations, comédiennes et comédiens, gens de plume et gens de chansons, gazetiers, essayistes, professeurs, ministres de l'ancien régime, tous, d'une semblable verdeur, repoussaient les tests hideux au nom de la réalité, au nom de la morale, au nom de la séparation de la biologie et du pouvoir, sinon nous filions vers d'abominables dérives, au nom des traditions, au nom de Voltaire, au nom de Jésus-Christ, au nom du Front populaire, au nom de Coluche, au nom de notre moderne vision de la famille qui ne se réduisait plus à la filiation génétique brutale mais impliquait le choix et l'adoption mutuelle. Si cela était normal, salué par les lois, pourquoi les étrangers n'en profiteraient-ils pas, à moins qu'on ne les vît en barbares ? Il y eut des pétitions, une manifestation pleine de fureur et de houle, on poussa des cris et le texte pris en défaut fut édulcoré. Cela était conforme à la pensée régnante et à sa méthode : Sa Majesté acceptait de céder un peu sur un point pour mieux bondir sur les autres ou faire semblant. Notre Leader pilonnait les gazettes de décisions annoncées, pour les endormir, il interdisait par là tout recul qui permettait aux détracteurs de réfléchir, et il posait lui-même les questions pour ne pas avoir à répondre à celles des autres.

S'il voyait poindre trop de fâcheries, Notre Maître savait aussi rester avec prudence très en retrait, aussi ne développa-t-il point son avis sur les tests maudits ; il laissait ses troupes en bouclier, même si son nom, son image et sa voix continuaient à nous étourdir sans aucune relâche. Lorsqu'il parlait de ses ministres, c'était pour les féliciter ou les punir, parce qu'il savait manier dans un même mouvement le sourire et le fouet. Parfois il distribuait ses bons points à la vue du peuple, citant des ministres qu'il qualifiait de remarquables, avec une nette préférence pour les Transfuges dont il était si fier, qui avaient par là plus de droits que les autres et pouvaient se permettre ces écarts de langage qui étaient alors mis sur leur fraîcheur ou sur leur différence, et que Sa Majesté prisait fort pour le symbole, même si l'ouverture ne se voyait guère, même si on tentait de chercher dans des idées supposées différentes des siennes la moindre réalisation concrète. Celles et ceux qui n'étaient point nommés pendant ces séances de distribution des prix se savaient plus proches de la porte que la veille, et s'attendaient à ce qu'on les chassât du gouvernement. Ainsi en fut-il de la marquise de La Garde, naguère choyée mais tombée en disgrâce pour un mot malencontreux dit en public, celui de *rigueur*, un mot terrible qui portait des visions de pauvreté obligatoire, de sacrifices, de taxes meurtrières. Désormais, Notre Leader traitait la marquise avec une politesse glaciale. Lorsque le comte d'Orsay, en revanche, osa le mot *guerre* à propos des vizirs de Téhéran qui voulaient du nucléaire au même titre que le Bédouin de Tripoli, mais qui ne semblaient pas aussi rangés que celui-ci, Sa Majesté pardonna aussitôt et, mieux, l'encouragea à poursuivre ses mots et ses foucades. « Il fait honneur à la France », dit Notre Prince du comte ; par indiscrétion on apprit qu'en privé il avait dit autre chose : « Le comte d'Orsay ? Il est nul mais il est populaire. »

Le comte d'Orsay était un bel esprit mais l'importance lui tournait la tête ; son ver rongeur était de n'être point monarque. Toujours plein de ses occupations, et, avec qui que ce fût, roi de ses moments et de ses heures, et le tyran de ses familiers, il s'étourdissait de sa fonction sans peut-être y croire lui-même. Personne n'avait plus d'agrément, de mémoire, de lumière, de connaissance des hommes et de chacun, d'art de ménagement pour savoir les prendre, plaire, s'insinuer, et parler toutes sortes de langages ; beaucoup de savoirs et des talents sans nombre qui le rendaient propre à tout, car en surplus il était décoratif. Tandis que

Sa Majesté se réservait de courir le monde avec ses conseillers, le comte additionnait les voyages et les palabres, lançant des solutions qui tombaient aussitôt, mal faisables ou mal perçues, faute de moyens, faute de clarté, faute d'une étude approfondie des dossiers particuliers à chaque mission. Le comte se fiait trop à la déclamation, comme s'il passait la main sur une rangée de moulins à prières, mais les formules mécaniques ne montaient guère jusqu'au ciel et les dieux lui étaient sourds.

Le mot *guerre* qu'il prononça en auteur dramatique, pour ponctuer sa réponse à un gazetier, dépassait-il à ce point de son vocabulaire? Il rectifia après que Sa Majesté le lui eut signifié, car une certaine fadeur de l'expression convenait aux diplomates. Néanmoins il y eut des remous. Les vizirs iraniens tonnèrent contre ce ton négatif, de même que les ministres concernés des autres royaumes d'Europe. En France on parla de maladresse. Cependant le comte d'Orsay continuait son agitation personnelle; il prétendit que parler de guerre était une manière de remuer les peuples, qu'en fait il n'aimait rien tant que la paix et sa carrière en faisait foi, sauf, bien sûr, à l'époque de l'invasion étasunienne de l'émirat de Bagdad. Au reste on le vit souvent à Washington pour y fréquenter son homologue et la presser : « Comment peut-on faire pour vous aider à Bagdad ? Comment peut-on faire pour vous aider à Téhéran ? », ce qui produisit son effet dévastateur dans l'Arabie entière et même plus loin, ravivant le nationalisme des plus islamistes ; cet alignement intime sur les visées de Johnny Walker Bush, qui songeait maintenant à préparer des bombardiers pour voler au-dessus de Téhéran, brisa d'un coup cinquante années de politique française en Orient. Les plus optimistes s'attendaient même à des représailles ; des espions avaient averti qu'un attentat était prévu dans les égouts de Paris pour mettre le chaos dans notre capitale. Heureusement nous n'avions plus d'argent dans nos caisses et une croisade coûtait des milliards, mais des avions à nous, des Mirage, des Rafale, se posaient à Kandahar, dans l'émirat de Kaboul, au sud, prêts à épauler les bombardiers de M. Bush. Si le comte d'Orsay souscrivait à cette fermeté, désormais sans le clamer, il n'y pouvait plus grand-chose. Les affaires étrangères ne se décidaient point dans ses bureaux mais dans ceux du Château, comme tout le reste. L'oligarchie régnante veillait sur nous et ne s'en cachait pas.

Notre Prince risquait à l'extérieur ce qu'il pensait avoir réussi à l'intérieur, et parlait aux autres sur le même ton, mais ces autres moins dupes le laissaient piaffer comme un personnage de théâtre et de carrousel dont le génie ne leur semblait pas aller au-delà de la fatuité. Les amusés raillaient sa frénésie, les sceptiques pensaient que l'arrangement de ses grands mots et son ton d'autorité l'avaient barbouillé. On le voyait partout mais rester nulle part; si on lui opposait la méthode plus pesée du roi Mitterrand, Notre Leader Pressé répondait à sa suite, dans l'avion spécial qui le ramenait au Château : « Ce vieux roi voyageait au bon plaisir, il se promenait en forêt, prenait des bains et allait au concert. Moi, je voyage pour faire! » Alors aux souverains de l'Europe il criait : « Réveillez-vous! Réveillez-vous! » comme s'il était seul à ne jamais dormir. Quand, ouvrant un œil, des Luxembourgeois, des Hollandais, des Allemands lui répliquaient en précisant qu'il ne respectait point les règles communes en matière de finances, avec ses cadeaux ruineux et son déficit qui enflait, il affirmait que tout allait au mieux. La croissance de son pays était-elle trop faible si on la comparait à celle des autres? Il disait : « Que ma croissance baisse, qu'elle soit à 1,9 % ou à 2,3 %, ça ne change pas grand-chose. Ce que je veux, c'est 3 %! » S'il voulait, tout était dit. Il n'y avait qu'à attendre les résultats promis et qui tardaient et dont beaucoup commençaient à douter.

L'incertitude se diffusait.

Cela affecta dans un premier temps la popularité de Sa Majesté, laquelle ordonnait constamment qu'on mesurât l'opinion de ses sujets à son égard. Eh bien cette popularité longtemps à son zénith fléchissait par paliers. En peu de mois, une lourde morosité avait remplacé l'euphorie des débuts; plus d'une moitié du peuple s'attendait maintenant à un avenir très noir et à une vieillesse dans le caniveau, sur le modèle des sans-le-sou qu'on surprenait tard dans le métro, ivres, dépenaillés, roulés sous les banquettes des quais et qui ne parlaient plus qu'aux rats. Les gens de trente ans, ceux de quarante ans, traversés par des peurs, formaient les bataillons des incertains que touchait la dépression. Quant aux serviteurs du Service Public que le Souverain entendait désosser, ils perdaient le moral tout franchement; ils imaginaient nos hôpitaux aussi délabrés que les britanniques, où seuls les mieux fortunés pouvaient se soigner, car la santé devenait là-bas un luxe, aussi voyait-on bien des Anglais qui se soignaient tout seuls et n'importe comment; faute de moyens pour aller chez un dentiste, ils s'arrachaient eux-mêmes leurs molaires malades avec des pinces de plombier ou consolidaient leurs couronnes avec de la colle forte.

Sa Majesté tenait ferme sur les réformes lancées, et c'était une entreprise pleine d'écueils, car certaines retombées s'annonçaient en désastre ou en tromperie ; ainsi le salarié, qui aurait obtenu par chance des heures supplémentaires non déclarables aux leveurs d'impôt, verrait néanmoins ses revenus augmenter, et pour cela il devrait payer une taxe d'habitation dont il était jusqu'à présent exonéré ; quant aux tarifs de la crèche et de la cantine des enfants, ils augmenteraient aussi pour réduire à néant ou à perte le profit de ce travail en plus.

La Reichsführer Merkel, au même instant, reculait sur ces mêmes réformes précédemment accomplies à propos des retraites, de la santé et du travail. En Germanie, la rigueur avait créé des pauvres à foison ; malgré de brillantes exportations, la consommation des Germains s'effondrait puisque la population avait été ratissée jusqu'au tréfonds du porte-monnaie. Afin d'éviter, si cela était encore possible, une colère menaçant de tourner à l'émeute et à la complète paralysie du pays, la Reichsführer Merkel pencha sa politique vers la Gauche et songea à redistribuer les richesses. Ah ! Sire, n'imitez point cet ancien roi qui, baissant les bras devant la difficulté des temps, dit avec une moue : « Après moi, le déluge ! » Ne restez pas, Sire, celui qui aura dit au seuil de son règne : « Pendant moi, le déluge ! »

Chapitre VI

BALLON OVALE ET EAU DE BOUDIN. — PREMIERS
RÉSULTATS, HÉLAS. — DU CÔTÉ DE CHEZ M. ZOLA.
— REVOICI LE DUC DE VILLEPIN. — UN BOUC
ÉMISSAIRE EN OR MASSIF. — TURBULENCES. — LE
18 OCTOBRE. — MERVEILLEUX EFFACEMENT DE L'IM-
PÉRATRICE. — SON EXPLOSION EN VOL. — LA SOLI-
TUDE DES PRINCES. — COMMENT ILS SE DURCISSENT.

M. DE LA PORTE AVAIT UNE
façon à lui de manger les mots en les roulant qui le
rendait à peu près inaudible, mais il n'en avait
cure. Un parent facétieux le comparait à un grand
ver de terre à lunettes rondes, avec le crâne aussi
nu qu'un genou, qui avait le rosé du jambon indus-
triel dont il faisait la réclame chèrement rétribuée.
Tout riait à M. de La Porte. Il gouvernait à la voix
et au geste l'équipe de France de rugby, et il la
tirait comme une entreprise. Le monde de l'argent
et celui du sport avaient toujours été liés, et il ne
faisait en cela qu'imiter la Grèce antique, quand les
champions de lutte et de ballon étaient de plus

grandes idoles que les poètes. A Sparte, le mot jeune homme était d'ailleurs synonyme de joueur de ballon, et les premiers jeux d'Olympie n'attiraient point que des athlètes mais aussi des marchands de vin ou de chevaux, des avaleurs de sabre, des cracheurs de feu, des acrobates, des diseurs de bonne aventure. Comme sur n'importe quelle foire, on rencontrait autour des stades nombre de filous et de voleurs, on négociait des statues, des terrains, des bijoux; l'historien Pausanias citait même le cas d'un certain Eupolis qui achetait ses adversaires pour l'emporter plus aisément à la course de chars. M. de La Porte ne faisait que suivre cette tradition archaïque pour laquelle le sport et les affaires n'étaient pas incompatibles.

Il était trop initié aux mystères de l'argent pour ignorer les diverses ressources qu'il pouvait en retirer, ainsi le voyait-on signer seize contrats lucratifs parce qu'il était connu et reconnu dans les rues ou les gradins; il vantait aussi bellement des croquettes pour chien qu'une marque de rasoirs, profitant par là en plein de cette popularité par ailleurs acquise à cause de son équipe de ballon, dont il était devenu le porte-voix et l'aiguillon. Cela ne comblait point M. de La Porte qui avait un autre appétit; il avait investi dans de multiples sociétés des sommes grassouillettes. Il possédait des actions par paquets dans des casinos ou des salles de sport, surtout dans des restaurants. En outre, M. de La Porte participait à des sociétés logées au Luxembourg, au Panama, dans les Antilles, qu'on nommait des paradis fiscaux parce que les démons du Fisc n'y étaient point admis, avec leurs mines de furets et leur méchanceté, mais la redoutable Direction nationale d'enquêtes fiscales multipliait là-dessus rapport et vérifications qui n'auraient sans doute pas de suites.

M. de La Porte avait donc fait lui-même sa propre fortune, et, si on y ajoutait sa réelle popularité, Sa Majesté ne l'en aima que plus. Notre Leader Emoustillé et l'affairiste se rencontrèrent dans un estaminet d'Arcachon, en été, il y avait quatre années de cela. Notre Futur Maître se préparait alors au trône pendant ses courtes vacances quand l'un de ses gardes, fervent du rugby, avisa M. de La Porte qui buvait son apéritif au comptoir, se leva, s'approcha, fit les présentations d'usage. Une amitié aussi intéressante qu'intéressée naquit à cet instant. Sa Majesté et M. de La Porte se revirent dès le lendemain au déjeuner, ils coururent ensemble au bas de la dune du Pilat, se revirent encore et encore. Ils avaient en commun cette propriété de ne parler qu'à la première personne du singulier, sur un ton volontaire, et leurs phrases commençaient toutes par « Moi je ». Ils se flattaient mutuellement. M. de La Porte se disait impressionné par Sa Majesté, et Sa Majesté disait de M. de La Porte que c'était un meneur d'hommes, parce qu'il avait su domestiquer les plus brutaux de son équipe, qui du reste en furent un rien ramollis, et qu'il était doté d'un rare esprit d'analyse ; il fut question de le nommer ministre à la tête des sports, et, sitôt couronné, Notre Prince en reparla, mais M. de La Porte, auparavant, devait gagner la Coupe du Monde de rugby pour accroître sa notoriété et se montrer triomphal. Il fallut donc attendre et lui garder sa place chaude.

A l'automne, Notre Fortifiant Leader emmena une partie de la Cour sur les stades pour applaudir et encourager les joueurs de M. de La Porte. Il fut de toutes les compétitions et on le vit à l'image quand nous marquâmes des points. Il exigea des projecteurs jusque dans les vestiaires et les joueurs fourbus en furent étourdis. Il exigea des billets de faveur pour disposer dans la tribune ses nombreux courtisans, lesquels, se précipitant salement sur le buffet à l'issue des rencontres, contribuèrent à démoraliser les joueurs qui ne s'habituaient guère aux flashes et aux mondanités. Tant pis. Sa Majesté voulait du clairon. Elle savait qu'une victoire sportive fouettait l'économie, que quatre cent mille touristes enrichissaient les hôteliers, les marchands de bière et de souvenirs, les transports, les restaurants, les boutiques de fanfreluches. M. de La Porte livrait des chiffres à soulever l'enthousiasme ; pour la demi-finale où nous étions parvenus, il y eut deux millions de spectateurs et dix-huit millions de téléspectateurs, soit vingt millions de consommateurs, mais ce fut une raclée que les Anglais nous infligèrent, même si, selon M. de La Porte, ceux-ci n'avaient point de style. Ce soir-là, Sa Majesté refusa qu'on vît son chagrin à l'image, et elle s'esquiva avec ses courtisans dans quinze limousines, vers un restaurant italien des beaux quartiers, pour y chanter à huis clos avec M. Johnny Hallyday.

Sa Majesté ne décolérait pas contre la stratégie stupide de M. de La Porte, qu'il accusait d'avoir fait perdre de l'argent au pays en ne parvenant pas jusqu'à la coupe désirée, mais cela n'empêcha pas ce même M. de La Porte d'entrer au gouvernement du duc de Sablé, avec sous le bras le porte-documents noir des sous-ministres, et, aux basques, une collection de grelots accrochés par les inspecteurs des Impôts qui voulaient l'empailler. Malgré sa défaite et ses déboires fiscaux qui risquaient de se transformer en malheurs pénaux, alors que sur le gazon M. de La Porte privilégiait la défense au mépris de l'élégance et de la rapidité, pour ses affaires il choisissait l'attaque. jouait l'arrogant, rabrouait les trop curieux et prétendait n'avoir peur de rien : « Sa Majesté me protège, disait-il. Que pourrait-il m'arriver de néfaste ? C'est Notre Sportif Leader qui dirige d'une main sûre la Police et la Justice. Il empêchera qu'on inquiète un ami si fidèle. » Du jour au lendemain, toutefois, il devint moins célébré ; comme il avait tenu à assister à cette finale de la Coupe du Monde dont il nous avait privés, même protégé par Sa Majesté, il se fit siffler par le public.

La saison était aux sifflets.

Pareillement, la baronne d'Ati en reçut quand elle exposa les mesures façonnées au Château en face des magistrats réunis en syndicats, qui avaient mal supporté que Notre Maître Absolu les comparât à des petits pois sans saveur, aussi ces femmes et ces hommes du Droit portaient-ils au cou des foulards ou des cravates à pois. La baronne les insupportait. Elle avait muté le procureur général d'Agen avec autorité et sécheresse, convoqué en son palais le vice-procureur de Nancy qui avait donné son avis et en avait le loisir légal, prétendu qu'on rendait la Justice au nom de Sa Majesté et non point au nom du peuple souverain. Il y eut des éclats de rire à chaque impair, des huées à chaque réforme non concertée. L'habitude de la familiarité de Sa Majesté, de la faveur, des distinctions, du commandement, de la lumière dorée des soirées dans le monde ou des portraits en flatterie dans de multiples gazettes rendait certes la baronne plus scintillante, mais la vanité suprême en constituait tout le fond. C'était une femme faite exprès pour présider à un bal, entendait-on chuchoter dans quelques antichambres peuplées de jaloux, et rien du tout au-delà.

Cependant la magistrature résistait pour ne point perdre son éclat. Lorsque la baronne courut les provinces afin d'émietter et d'essouffler une contestation qu'elle ne voulait point voir enfler jusque dans les rues de Paris, elle reçut là encore force quolibets et sifflets. Chinon, Autun, Vendôme, Clamecy, Sancerre, Vierzon, elle entendait fermer les deux tiers des tribunaux d'instance, lesquels traitaient les litiges quotidiens des gens près de chez eux. Au nom du moderne, ils devaient rejoindre par leur absence le sort des commissariats de proximité et celui des commerces de proximité, à l'émoi des juges, des avocats, des maires, des députés, des habitants de ces futurs déserts où la justice n'était pas assez rentable. Certains accusèrent la baronne, dans cette foulée, de trop réagir à la verdeur des faits divers pour façonner ses lois, sur le choc d'une émotion, en s'appuyant sur l'opinion publique nourrie de crimes affreux qui révulsaient. On pensait au film *Fury* de M. Fritz Lang, quand une foule en hystérie veut pendre un innocent parce qu'il a une tête de coupable.

Quand on vit les premiers résultats de la loi sur la récidive acceptée par le Parlement en août, ce fut consternant car il sembla que nous retournions dans l'univers malsain que décrivaient MM. Zola et Hugo, lorsque celui qui était condamné pour un premier larcin se retrouvait au second envoyé au bagne. L'ombre de Jean Valjean nous enveloppait; un gros nuage noir qui déconsidérait la Justice en l'éloignant du raisonnable et de l'utile. On donna des exemples dans les gazettes. Un jeune garçon s'acharnait sur un distributeur de sodas, non qu'il avait soif, mais il cherchait à détraquer l'appareil et à le forcer avec un tournevis pour récupérer des pièces. Il se fit surprendre par des vigiles qui le donnèrent à la police. Il n'en était pas à son premier méfait. Un an plus tôt il avait été appréhendé en flagrant délit parce qu'il avait dérobé une barquette de fraises dans un marché. La peine plancher, comme on disait alors, s'appliqua de suite et il fut envoyé en prison pour deux ans. Cet autre, qui avait dans sa poche deux grammes de cannabis, mérita quatre années ferme, au même titre qu'un malfrat accompli qui se faisait prendre pour avoir trafiqué trois tonnes d'héroïne. On vit la confusion et le dérèglement de cette loi qui frappait à l'aveugle le jeune perdu et le gros voyou.

Ce système vicié existait déjà aux Etats-Unis et au Canada, où des experts avait étudié le problème et livré leur avis : au lieu de sécurité on créait de l'insécurité, puisque dans une prison surpeuplée, par contamination, les tout petits délinquants devenaient des gros délinquants chargés de haine.

Sous l'ancien régime, les magistrats couverts d'hermine et de pourpre appréciaient la gravité de chaque délit avant de prononcer une sanction ; ils parlaient même de sauver les malfrats afin que plus tard, acquittés de leur peine, ils pussent vivre et travailler à côté des gens de bien, car le bâton n'était pas systématique, mais Sa Majesté voulait rompre avec les coutumes d'antan. Parlait-on autrefois du parcours de l'accusé, pour expliquer sa noirceur ? Halte-là ! Une faute est une faute. On étudiait autrefois la personnalité du coupable ? A quoi bon ? Fallait-il cajoler ce gibier ? Non ! Au cachot ! Les peines devaient s'appliquer en vertu de la pensée régnante, selon une mécanique ; il suffisait de frapper et se dispenser de trop réfléchir. Comme les magistrats récalcitraient et le disaient, qui fut bien étonné de leur langage si clair ? Ce fut Notre Juste Leader, qui trouvait le ton des juges d'autant plus fâcheux qu'il était appuyé de raisons sans réplique, auxquelles toutefois Sa Majesté refusait de céder. A l'évidence, les délinquants distingués et joliment nippés qui détournaient des milliards et criaient leur innocence relevaient d'une catégorie spéciale ; l'indulgence était de mise sur leurs peccadilles, sinon le risque était trop grand de les bastonner en place publique puisqu'ils faisaient partie de l'édifice financier qu'il convenait de ne point lézarder. Pour la racaille, en revanche, nulle pitié : qui récidive récidivera, autrement dit, selon un fameux dicton de nos terroirs, qui vole un œuf vole un bœuf, mais qui vole un bœuf ne volera point d'œuf.

A cette époque, Notre Equanime Souverain s'attachait à détruire son rival détesté, M. le duc de Villepin, et ces histoires de récidive tombaient à point. Il suffisait de charger M. le duc d'une ribambelle de récidives, afin qu'il en pâtit sévèrement et selon les lois nouvelles. Il fallait l'accabler d'une série de méfaits terribles, l'y noyer pour de bon et qu'il ne revînt jamais à la surface. Comme M. le duc avait régenté la vie publique pendant les dernières années de l'ancien régime, il devenait par ce fait responsable des turpitudes, vilenies et saletés commises sous son mandat. A l'affaire de la liste truquée où le nom maquillé de Sa Majesté apparaissait, nous en avons parlé, et dont on espérait le duc coupable, les officines du Château sortirent au jour une autre affaire malodorante. Ainsi M. le duc se vit-il accusé d'avoir favorisé des manipulations de finance très louches dans une énorme compagnie d'aviation, même s'il n'en avait tiré aucun profit. Lorsqu'il se retrouvait face aux juges spéciaux de Sa Majesté, fort souvent, M. le duc ne se laissait point entamer, bien au contraire, il se rebiffait, et les accusations qui pleuvaient sur lui semblaient le requinquer. « Ceux-là mêmes qui voulaient m'éloigner de la politique m'y ramènent, disait-il. On rend toujours service à quelqu'un en le chassant et même en le pourchassant. »

Le duc de Villepin avait des partisans, peu nombreux et secrets, jusque dans les rangs du parti impérial, prêts à se révolter l'heure venue ; le duc attendait cette heure en lançant chaque jour des piques contre Sa Majesté pour lui faire quitter toute prudence, car il connaissait *L'Art de la guerre*, le si utile traité de M. Sun Zi, rédigé il y avait vingt-six siècles mais toujours jeune et frais, tant les hommes changeaient peu et nous ressemblaient déjà quand la Chine n'était point encore la Chine mais une poussière de royaumes qui s'étripaient ; M. Sun Zi prévenait les malins : « Celui qui est prudent et attend un ennemi qui ne l'est pas sera victorieux. » Aussi M. le duc tentait-il de pousser à bout Notre Nerveux Leader, afin qu'il commît des excès et y tombât. Il était vrai que Sa Majesté ne décelait pas les ruses que masquaient les mots, et que M. le duc restât debout l'horripilait. Ah ! si on pouvait accuser

M. le duc des incendies géants en Californie ou de la répression des moines en Birmanie! Ah! si on pouvait l'accuser d'avoir laissé se multiplier les chiens qui égorgeaient les enfants dans la rue! Si on pouvait l'accuser du poids excessif des cartables de nos écoliers, auxquels, par négligence, il aurait brisé le dos! Ah! si on pouvait l'accuser de tout! Si on pouvait le montrer comme un multirécidiviste et le faire choir aux oubliettes! Sa Majesté rêvait.

En outre, et dans l'esprit d'affaiblir Notre Prince en maniant son savoir, M. le duc avait publié un fort volume consacré à Napoléon; les lecteurs y devinaient un portrait à charge de Sa Majesté, la rumeur en courait et M. le duc se répandait en sous-entendus dans les gazettes. Le chevalier de Guaino fut chargé de lire l'ouvrage pour l'expliquer; après une nuit entière de lecture, il poussa la porte du bureau impérial:

— Eh bien, Monsieur, ça dit quoi ce bouquin?

— C'est un livre d'histoire, Sire.

— Et je suis dedans?

— Oui et non, Sire..

— Comment ça?

— En parlant de Napoléon, M. le duc parle aussi de Votre Majesté.

— Explique-toi, bougre de mulet!

— M. le duc écrit que la chute de Napoléon

était inscrite, déjà, dans son ascension et dans son triomphe.

— Vois pas.

— Au sommet, on ne peut que redescendre.

— Il attend que j' me casse la gueule, hein ?

— Voilà, Sire.

Notre Leader se rongeait, M. le duc le narguait, et chacun sentait venir de nouvelles turbulences capables de balayer le pouvoir suprême du Souverain. Les incantations de la pensée régnante, en fait, se heurtaient au réel. Qu'allait-on faire des sept millions de pauvres recensés ? Pour l'heure, il fallait éviter leurs exhibitions au centre des villes et les empêcher de camper sur les trottoirs, ce qui semblait facile puisqu'il suffisait de les déloger avec des matraques et d'en remplir des fourgons entiers. Pour les mettre où ? Les faubourgs étaient très remplis d'autres pauvres et moyens-pauvres qui eux aussi avaient faim, et là-bas, dans ces zones sauvages, les tensions ne cessaient pas. Deux années auparavant il y avait eu des émeutes ; pour apaiser, l'ancien régime avait risqué mille promesses, mais rien n'avait changé, rien du tout, et la colère des miséreux s'était transformée en désespoir, avant que ce désespoir se changeât une fois encore en nouvelle colère. Sa Majesté envoya sur place des émissaires choisis pour leur ressemblance avec ces populations africaines, et qui possédaient un même langage vert, ceci afin de distribuer des paroles et d'interroger au plus près la racaille sur ses désirs, établissant de la sorte un diagnostic connu depuis belle lurette, mais qui dispensait le gouvernement du duc de Sablé de la moindre action autre que policière. La magnifique volonté de Notre Intense Leader se voyait entravée, parce qu'elle se dispersait dans trop de domaines et qu'il était difficultueux de mener dix réformes à la fois aussi coûteuses que mal bâties et peu expliquées. Restaient les mots, ceux de la pensée régnante et ceux d'en face qui naissaient pour les contrer, et qu'on entendait venus de partout : reculade, revirement, lacunes, oublis, rafistolage. Au lieu de la rupture avec les vilaines mœurs de l'ancien régime, célébrée par Sa Majesté, conseillers et ministres renouaient avec les vieux remèdes du précédent monarque, lequel s'était endormi sur le trône. Le roi Chirac avait évoqué une fracture sociale qu'il convenait de réparer, afin que chacun pût vivre mieux, mais, après cinq mois de règne et de grèves, il parla lui aussi d'autre chose et, prenant un virage osé, fit franchement demi-tour en révisant ses promesses ; alors il se pencha sur les déficits abyssaux du Trésor qu'il s'agissait avant tout de combler, et, ainsi, d'échapper à une faillite mortelle.

Les députés impériaux vivaient un malaise ; ils s'absentaient des gradins de la Chambre pour pleurer dans la chaleur de leurs bureaux. Ils ne voulaient plus cautionner des projets de loi qui, de toutes les manières, allaient être tronqués à en perdre leur sens initial. Foin de discipline partisane, ils changeaient de posture à leur guise, comme des gens peu assis, ou mal debout, avec un certain soin de s'éviter les uns les autres, même de se rencontrer des yeux, aussi les lois s'ajournaient, se modifiaient, se défiguraient, s'enterraient; on les écrivait quand même et les présentait devant une Assemblée nue comme un désert, mais au lieu d'avancer on piétinait. Pourquoi Sa Majesté devait-elle édulcorer ses réformes, projetées avec tant de fougue à l'aube de son règne? Parce qu'elles déplaisaient. Sa réforme des retraites spéciales, néanmoins, elle y tenait durement et en fit un test pour mesurer la force de ses opposants. Ceux-ci avaient appelé à une journée de grève, et il arriva que le jeudi 18 octobre, comme cela était prévu, les conducteurs des chemins de fer restèrent chez eux, bras croisés, ainsi que ceux des métros et des autobus. Ce jour-là, avertis, les voyageurs firent pareil en restant chez eux ou, comme dans notre capitale, grâce au service de vélos mis en place par le duc de Paris, M. de La Noé, circulèrent le nez au vent et sans fâcherie.

Sa Majesté avait tout prévu, et il nous est loisible de décortiquer ses ruses et sa méthode. La contre-attaque du Château, pour neutraliser les embarras, se déroula en six étapes précises et pensées que nous devons livrer à la curiosité.

Le premier stratagème de Notre Rusé Souverain fut d'entraîner l'adversaire sur son propre terrain, au Château, afin de donner du lustre aux entrevues. Il convoqua les chefs de syndicats râleurs, à maintes reprises, et abusa des discussions pour que la grève promise fût douce et peu perturbante. Le Prince usait pour cela d'une langue double, disant d'un côté qu'il était prêt à écouter et de l'autre qu'il ferait comme s'il n'avait rien entendu. Il posait une nuée de questions à résoudre et ne donnait guère le temps d'y répondre en se concertant, fixait même une date après laquelle tout se réglerait par décret impérial. Ensuite, si on rejetait ou boudait, le Prince enverrait des soldats conduire les locomotives et les centrales électriques.

Le deuxième stratagème consistait à dramatiser pour épouvanter. Des ministres se relayaient pour décrire en noir les événements à venir, la pagaille, les incidents, la colossale perte d'argent, rappelant les affreux souvenirs de l'hiver 1995 quand, pour les mêmes motifs, la grève se durcit et arrêta le pays de nombreuses semaines. Il fallait annoncer l'horreur pour la conjurer.

Le troisième stratagème était d'affaiblir des syndicats déjà faibles en nombre, en montrant que ces retraites spéciales, qu'ils défendaient, ne concernaient que 5 % du peuple laborieux. Ainsi, quand les syndicats affirmaient que cela bientôt toucherait tout le monde, que tout le monde allait travailler plus longtemps pour gagner moins, personne ne prêta l'oreille.

Le quatrième stratagème reposait sur la division franche entre les mécontents et le peuple. Les services de M. le Cardinal avaient sondé l'opinion dans ses profondeurs, et il en sortait que le peuple, dans sa majorité, n'était point favorable à une grève, même courte, qui allait troubler ses transports quotidiens, le forcer à se réveiller plus tôt que de coutume et à pratiquer la débrouillardise afin de continuer à travailler et toucher un salaire maigre. Pour accentuer cette salutaire division, et bien en jouer, il suffisait d'évoquer le principe d'égalité. Quoi ? Les cheminots, les électriciens veulent cotiser moins et partir plus jeunes en retraite, sous prétexte de fatigue ? Allons ! Tous devaient travailler autant. Les privilèges appartenaient à l'ancien régime et Notre Prince n'en voulait plus. Des retraites spéciales ? Voilà qui était injuste et dépassé. A bas les privilégiés !

Le cinquième stratagème s'ingéniait à discréditer l'adversaire. Pour aboutir, Sa Majesté eut recours aux dirigeants des patrons qu'elle portait dans son cœur. Soudain, par un éblouissant hasard, la brigade des Finances dénicha des valises de billets dans les bureaux de la toute-puissante Union de la Métallurgie. D'où venaient ces six cents millions d'euros rangés en petites coupures? Des cotisations? Surtout, une seconde question fut lancée pour recouvrir la première : à qui profitait cette caisse noire? On sut rapidement que ces liasses servaient à alimenter les syndicats de travailleurs, pour leur permettre de vivre et surtout de se taire. Ce qu'il en resta? Sans les patrons, ces traîtres de syndicats n'existaient pas; donc ils étaient corrompus.

Le sixième stratagème, enfin, fut le mieux achevé; il surgit comme une coïncidence qui fit jaser. Au moment précis de la manifestation où marchaient ensemble des cheminots et d'autres furieux, un communiqué tomba soudain muni du sceau impérial : Leurs Majestés divorçaient d'un commun accord. On en oublia sur-le-champ la grève et ses slogans.

Cela couvait depuis de longues semaines et les rumeurs avaient succédé aux rumeurs pour former un feuilleton dont on avait hâte de connaître les vérités, les détails et les rebonds. M. de Martinon, le Premier valet de chambre, avait longtemps refusé de commenter ce flot continuel de billevesées, qu'il ne niait pas non plus, et, devant affronter les questions pressantes, chaque jour, ressemblait derrière son pupitre à un grand héron désœuvré ; plus il se fermait, plus il était réticent à livrer la plus menue des informations, moins on le croyait et plus on imaginait l'horrible issue. Cependant, personne au Château ne parlait ouvertement de la vie privée du couple impérial ; un silence à entendre une fourmi régnait à ce sujet dans les couloirs : à peine osait-on respirer. Bien des signes suscitaient pourtant méditations et ragots. Depuis l'équipée américaine de l'été, Leurs Majestés n'avaient plus jamais figuré ensemble ; l'Impératrice n'occupait toujours pas les appartements prévus qu'on avait restaurés. On sut que Notre Leader Exaltant habitait seul dans les anciennes chambres du roi de Rome. Aux questions de l'extérieur qu'ils balayaient d'un revers de poignet, les conseillers, les confidents, les proches chantonnaient une semblable ritournelle : « Quelle séparation ? C'est votre fantasme » ou « Le Souverain n'en parle à personne et personne ne lui en parle ». Les faits toujours niés se précipitaient pourtant : le moindre signe faisait l'événement. Des voleurs d'images (ah ! la triste engeance) coursaient l'Impératrice comme un renard ; ils l'avaient signalée à Londres ou dans un palace de Genève, ce dont les autorités helvètes n'étaient point au courant et même s'en vexèrent, puis ils l'avaient surprise devant une vitrine de l'avenue Montaigne ou derrière un bol de nouilles dans un restaurant chinois pour Européens non loin des Champs-Elysées. Ce qui demeurait une évidence, c'était que Notre Fin Leader n'était plus celui que l'Impératrice avait tant vénéré, puisqu'il passait sans elle toutes ses soirées, et lui qui se couchait tôt quand elle le surveillait, désormais se couchait à point d'heure, traînassant avec des intimes, entonnant avec eux, en chœur, les refrains colorés de M. Enrico Macias, car il fallait de l'entrain, et aucun n'eût osé proposer dans ce répertoire le *Ne me quitte pas* de M. Jacques Brel qui eût vilainement détonné. Certains remarquèrent des plaques rouges sur la peau de Sa Majesté, comme à chaque moment de tension, et son humeur passait sans transition du beau au laid, jusqu'aux allusions glissées dans un discours au Conseil économique et social : « Il y a la solitude poisseuse, dit Notre Maître Dépité, celle qui oppresse, celle qui naît de la privation de l'écoute, du soutien, du regard de l'autre… » Parlant ainsi des miséreux, il ne parlait que de lui, car il avait cette facilité à parler avec abondance et une continuité d'autant plus désarmante que c'était toujours avec l'art de revenir à soi, de se vanter, de se louer, d'avoir tout prévu, tout conseillé, tout fait, sans jamais en laisser de part à personne, ni même à l'Impératrice, et cela provoqua la rupture que nul désormais ne pouvait ignorer. Avec une fanfaronnerie poussée aux der-

158

niers excès, et qui ne le quittait jamais, Notre Empereur faisait mine de rien, et quand bien même tous l'avaient deviné, il dîna avec sir Tony, l'Anglais, à l'hôtel Bristol où descendaient toujours les stars d'Hollywood quand elles passaient à Paris pour la sortie d'un film; là, masquant son chagrin ou son néant, Nicolas Ier refusa qu'on l'enfermât dans un salon qu'on avait réservé pour lui et ses invités, mais voulut que les autres dîneurs de la grande salle le vissent, et il feignit même la gaieté : « On ne va pas se cacher, tout de même ! », comme si rien de privé ne pouvait entamer un personnage aussi public.

Quand la nouvelle fatale tomba, on vit la trame d'une vieille comédie, et les premiers mois du règne furent considérés sous un éclairage nouveau, puisqu'on savait maintenant qu'il y avait eu un pacte entre Leurs Majestés, que tout avait été préparé de longue main. L'Impératrice n'en pouvait plus d'un rôle non taillé à sa mesure, dans le semblant et la menterie. On sut que tous ces regards posés ensemble sur ses moindres gestes l'insupportaient, et que sous une apparence glacée, elle avait une âme de midinette. Cette distance qu'on lui reprochait n'était qu'un ennui abyssal.

L'Impératrice se livra ; elle avoua les raisons de sa désertion, il y avait deux ans de cela, que c'était par amour vrai et soudain pour un autre homme que Sa Majesté, quoique aussi gonflé de vent, dont la réclame était le métier affiché et qui la rassurait, lui, par ses tempes qui grisonnaient et son argent tranquille ; harcelée par Notre Prince, qui ne pouvait se présenter au trône en solitaire mais en famille comme ses futurs sujets, pour mieux leur ressembler, elle avait cédé, était revenue, avait poursuivi l'aventure du pouvoir jusqu'aux portes des palais. Elle dit aussi ne point apprécier de vivre entourée de gardes et d'espions, et de ne rien faire d'elle-même, exagéra même ce désir jusqu'à prétendre vouloir remplir ses cabas au supermarché, et acheter les pots de Nutella du Dauphin Louis. Elle s'était fissurée sous les convenances, avait un moment essayé de jouer, n'y croyait guère, fit semblant mais se voulait avant tout ordinaire, rejetant l'idée de rester plus longtemps prisonnière d'une mise en scène. Elle se prêta donc, seule dans un décor triste et beau, à une séance de portraits qui parurent dans une gazette féminine, eux aussi tristes et beaux, artistement retouchés pour la rajeunir et lui conférer une sérénité. Elle dit que Notre Souverain n'était guère vivable, qu'elle l'avait amené au trône et que cette tâche accomplie elle s'en retournait, qu'il n'avait pas plus besoin d'elle que de personne puisqu'il avait remplacé le *Nous* de naguère, dont elle faisait partie en tandem, par un *Je* perpétuel et maladif; qu'il pouvait plus librement se composer un harem comme il s'était composé une Cour.

Sans rien perdre de ses coutumiers sauts de puce, à tout propos, le Prince se montra désormais aussi blessant que blessé dès qu'on abordait la séparation impériale, arguant que ses sujets ne l'avaient point choisi pour sa vie privée mais sur son énergie mise à tout résoudre. Cela n'était pas faux mais cela n'était pas vrai, car il y avait eu un engouement autour de la famille régnante et on ne parlait guère que de ses malheurs. Sa Majesté avait beaucoup utilisé sa vie personnelle en juchant sur les estrades cette famille disparate mais unie, qui présentait si bien dans les portraits, entre les plantes vertes en pots; le Château, malcommode et froid, devint un moment ce palais de Monaco qui respirait l'opérette. Le Bédouin de Tripoli, pour faire le gracieux mais ne sachant pas l'humeur présente de Notre Leader, fut le seul à publier un message de compassion, pour bien montrer qu'il préférait désormais la politesse aux exactions : « J'exprime, écrivait-il à titre personnel, mon profond regret suite à la séparation de mes deux amis intimes et tout récents. La nouvelle m'est arrivée si brutale que je n'ai pu tenter de réconcilier Leurs Majestés. » Ceux qui vivaient dans la proximité de Notre Prince parlaient de tout sauf de cela tant celui-ci était à vif.

Le Premier valet de chambre, M. de Martinon, avait commis peu auparavant une étourderie. Désireux de préparer le futur voyage officiel de Sa Majesté chez Johnny Walker Bush, il avait accepté qu'on enregistrât au Château une émission notoire d'une télévision notoire aux Amériques. Mme Lesley Stahl, laquelle devait peindre Sa Majesté, remarqua son humeur maussade et ses tics lorsqu'il s'assit dans un fauteuil en face d'elle. L'Empereur semblait impatient, il gigotait, levait les yeux aux lambris dorés, traita d'imbécile son Premier valet de chambre, qui avait organisé cette rencontre ; celui-ci, dans le fond de la pièce, l'œil battu, avalait sa salive de travers, et on voyait sa pomme d'Adam descendre et monter dans son très long cou.

— Vous êtes en colère, Sire ? demanda Mme Stahl.

— Moi ? Pas du tout ! En colère ! répondit Notre Prince avec un mauvais sourire.

— Tout le monde se demande, au sujet du couple impérial…

— Au revoir !

Il se leva comme si une oie l'avait pincé au derrière, arracha fils et micros qui l'enguirlandaient sous son veston, sortit en rage du salon.

Mme Stahl n'en revint pas; elle présenta donc Notre Bouillant Leader comme parfois instable, avec l'habitude de souvent perdre son calme, ce qui se vérifiait de mieux en mieux puisque l'Impératrice n'était plus à ses côtés pour éteindre ses fureurs fréquentes.

Notre Tonitruant Leader Adulé se défrisa les nerfs dans l'action, pour oublier ses peines et effacer les contretemps, et on le vit tenir son rang lors des visites d'Etat qu'il rendit au roi Mohamed VI et à M. Bush. Il connut ainsi ses premiers pas de nouveau solitaire au Maroc, quoique fortement entouré par soixante-dix hommes d'affaires aux poches remplies de contrats pour des trains, des bateaux et des machines à extraire l'uranium du sable. Le Prince avait désormais l'œil éteint et le visage plombé, malgré la maquilleuse qui le suivait partout; il tournait ses lunettes de soleil par les branches, comme une crécelle, resta pendant le voyage dans la cabine impériale de son avion, avec ses deux fils. Il se força à retrouver son bagout au festin que le roi marocain donna en son honneur, sous un dais vert et rouge, encerclé par des lys blancs, et lui, si fatigué, si sobre, il dut goûter de tous les plats, avaler un menu interminable :

Salades marocaines
Méchoui royal

Poisson « Mcharmel »
Tagine de Poulet aux olives et citron confit
« Mekfoul » de Jarret de Veau aux petits oignons
Couscous aux sept légumes
Petites Pastillas aux pommes confites et à la cannelle

Tout cela arrosé de grenadine et de gingembre en jus. Notre Prince, qui se contentait chez lui de grappiller les morceaux de viande coupés par un maître d'hôtel, à la main, en parcourant ses dossiers, commençait à saisir que le pouvoir était aussi une servitude, et qu'on devait faire bonne figure même avec un estomac en capilotade. Le lendemain, à Tanger, il lut un discours ampoulé comme savait les coudre le chevalier de Guaino, et dont le projet était rien de moins que de reconstituer l'Empire romain, en réunissant les rois et roitelets du pourtour de la Méditerranée comme sous l'empereur Auguste, tous les Orientaux, les Africains, les Européens du Sud, de Damas à Tripoli, Jérusalem, Athènes, Marseille... « Un grand rêve capable de soulever le monde », disait Notre Prince qui était à peu près le seul à y croire. Et il revint avec des contrats pour deux milliards d'euros, mais ne vendit pas notre avion Rafale car les Marocains lui préférèrent un appareil américain moins cher.

L'Amérique, Notre Maître Fougueux ne pouvait lui reprocher d'avoir vendu ses avions à notre détriment, puisque le Far West ramassait toute sa mythologie enfantine. C'était lui, le pauvre solitaire au stetson qui s'éloignait à cheval et de dos, entre des cactus géants aux formes de chandeliers, vers les montagnes rousses du lointain ; les Navajos avaient capturé l'Impératrice, il ne lui restait plus que ses colts. L'Empereur fut impressionné par l'accueil que lui fit M. Bush, arrivant dans le palais de celui-ci avec des courtisanes choisies sur leurs mines ; la baronne d'Ati, qui était de toutes les parades, réussit même à fouler le tapis rouge en même temps que Sa Majesté, car elle avait simulé un retard pour monter dans le coche impérial ; on la vit en étole de fourrure sur une robe crème de M. Dior, étudiant des sourires de papier glacé en prenant des poses pour ciseler son image.

Notre Bien-Aimé Souverain donna des discours, il joua de la cymbale et du violon pour charmer ses hôtes, parce qu'il aimait monter sur scène en habit de gala, comme un acteur, saluait de tous côtés, main sur le cœur, sous les bravos. Parlant, il enfila un collier de poncifs qui le firent applaudir ; récita son Amérique imaginaire, cita M. John Wayne et Mme Monroe, visita la maison de M. Washington à Mount Vernon où le grand homme, à la place du gazon d'aujourd'hui, cultivait des bouquets de marijuana ; il en fit peut-être goûter, à la façon d'un calumet de la paix, au jeune marquis de La Fayette sur lequel Sa Majesté s'était renseigné, et qu'il appréciait comme le plus magnifique des Transfuges quand, en 1792, il laissa son armée pour se réfugier chez les Autrichiens, car les Républicains excessifs de son temps ne l'aimaient point assez, et qu'il craignait de se faire couper le cou. Johnny Walker Bush, lui, souriait à son dernier ami, ce célibataire français qu'il prenait par l'épaule, ou bien se réjouissait-il de son ultime trouvaille : pour financer sa guerre en Irak, d'où lui revenaient des soldats morts ou brisés, qui se suicidaient par milliers, il avait artistement taillé dans le budget de la santé au mépris des conséquences, refoulant ainsi des millions d'enfants démunis de soins et de dollars. Cela ressemblait aux idées de la marquise de La Garde, qu'elle avait dû concevoir lorsqu'elle vivait à Chicago ; si des sujets se plaignaient de la cherté de l'essence, elle répliquait : « Vous n'avez qu'à rouler en vélo ! », ce qui n'était pas commode pour traîner une charrue ou pêcher le merlan au large de nos côtes.

Chez nous, justement, les pêcheurs montraient le poing ; Notre Maître courut les affronter jusqu'au bord de la mer. Quoique son personnage, par ses mimiques et ses emportements, penchât vers M. Louis de Funès plutôt que vers M. Burt Lancaster, il y avait du shérif en lui, mais la scène qu'il interpréta en vedette fut moins mémorable et d'un autre registre que dans *Règlement de comptes à OK Corral.* La scène fut néanmoins beaucoup rapportée. Un rude marin, depuis une terrasse, apostropha avec brusquerie Notre Leader Inspiré :

— C'est pas la France qui s'lève tôt, ici, c'est la Bretagne qui s'couche pas !

— Qu'est-ce tu dis ? demanda Sa Majesté en tournant la tête et le regard vers le malotru qu'elle tutoyait.

— Enculé ! répondit le malotru qui en outre était vulgaire.

— Descends ! lui ordonna Sa Majesté. Descends un peu me redire c'que t'as dit !

— Si je descends je te mets un coup de boule !

— Vas-y Juju ! cria quelqu'un dans la foule.

— 140 % ! crièrent quelques autres.

Il faut expliquer aux générations qui n'ont pas connu cette étrange époque où régna Nicolas Ier que ce pourcentage correspondait à l'augmentation que Notre Leader s'était accordée pour arrondir ses émoluments ; des experts en calcul parlèrent de 172 % ; le représentant Dosière, spécialisé dans la finance du Château, affirma 206,5 %. Pour étouffer le mauvais effet produit par cet accroissement dans un pays qui redoutait la misère, et auquel on demandait des sacrifices, le Château expliqua que Sa Majesté devait être payée au même niveau que

167

les autres souverains d'Europe, comme la Reichs-führer Merkel, par exemple, mais celle-ci, préci-sèrent les médisants, payait de sa poche le loyer de son appartement de Berlin quand Sa Majesté ne déboursait pas un sou. Des mauvaises langues, Dieu qu'il y en avait alors! avancèrent que cet argent de poche allait servir à régler la pension de l'Ex-Impératrice et du Dauphin.

Notre Lumineux Leader, qui affectionnait les symboles, parce qu'ils se passaient de mots et frappaient l'opinion au cœur, voyant son erreur en resta muet. Il ne maniait pas toujours les symboles avec talent, cela s'était vérifié plus tôt avec ce que les historiens de son règne nommèrent « l'affaire des icônes ». Une icône désignait une peinture religieuse de l'Eglise d'Orient, un symbole de piété propice à la bondieuserie, chargé de déclencher l'émotion voire des larmes. Le chevalier de Guaino trouva une telle icône en la personne d'un jeune homme de dix-sept ans, bien coiffé, cravaté, l'œil romantique, qui s'appelait Guy Môquet. Avant d'être fusillé par les nazis au début des années quarante de l'autre siècle, il avait écrit une lettre à sa famille comme quelquefois en écrivent les très jeunes suicidés, sans haine, résignée et à faire pleurer. Sa Majesté y vit aussitôt une fontaine d'émotion pure et le chevalier de Guaino en fit « ce qu'il y a d'universel dans cette magnifique figure de la jeunesse » qui évoquait avec justesse une tragédie humaine. Il fut décidé en très haut lieu d'en rendre sa lecture obligatoire dans les écoles, tel jour à telle heure. Tout cela était dépourvu d'histoire et de mémoire, et l'oukase du Château ne mentionnait pas que ce garçon était communiste, qu'il avait été arrêté par des policiers français, gardé par des gendarmes français, choisi avec d'autres par M. Pucheu, ministre français. C'était une icône, laquelle symbolisait le courage et l'amour de la patrie, et avait une station de métro à son nom.

Au jour dit, Sa Majesté devait participer à cette lecture qui, selon son propre communiqué, devait « rappeler aux élèves l'engagement des jeunes gens et jeunes filles qui font le choix de la Résistance, souvent au prix de leur vie ». Hélas ! Trois fois hélas ! la Résistance tourna autrement que prévu. Prétextant un emploi du temps chargé alors que sa matinée était libre, Notre Emouvant Leader évita les écoles, et surtout ce lycée Carnot où étudia le jeune Môquet, et où il devait se rendre ; grand bien ce fut car sur la porte vitrée de cet établissement, des jeunes avaient collé une affichette à l'effigie de l'icône assassinée, en y ajoutant ces mots : « Hier fusillé car résistant. Aujourd'hui raflé car immigrant. » Contre son attente, Notre Souverain sentit alors souffler un vent de résistance, d'abord légère brise qui risquait de le souffleter puisque dans tous les métiers, dans toutes les régions, dans tous les milieux le peuple commençait à se demander où étaient les améliorations promises. Le monde allait mal et nous n'allions pas bien. Sa Majesté allait-elle réaliser que, si haut que fût le trône, on n'y était jamais assis que sur son cul?

Trouville,
novembre 2007.

Table

Achevé d'imprimer sur les presses de

BUSSIÈRE

GROUPE CPI

à Saint-Amand-Montrond (Cher)
en février 2008

Nº d'Édition : 15213. — Nº d'Impression : 080401/4.
Première édition : dépôt légal : janvier 2008.
Nouveau tirage : dépôt légal : février 2008.

Imprimé en France